NASCIDO PARA AMAR

Edição revista

LEO BUSCAGLIA

NASCIDO PARA AMAR

UMA CELEBRAÇÃO À VIDA

Tradução de
PAULO FRÓES

Organização de
DANIEL KIMBER

10ª EDIÇÃO

NOVA ERA

Rio de Janeiro
2005

CIP-Brasil. Catalogação-na-fonte
Sindicato Nacional dos Editores de Livros, RJ.

B982n
10ª ed.

Buscaglia, Leo F., 1924-1998
Nascido para amar: uma celebração à vida / Leo Buscaglia; tradução de Paulo Fróes; organização de Daniel Kimber. – 10ª ed. – Rio de Janeiro: Record: Nova Era, 2005.

Tradução de: Born for love
ISBN 85-01-03973-X

1. Amor. 2. Relações humanas. I. Kimber, Daniel. II. Título.

05-0218

CDD – 158.1
CDU – 159.947

Título original norte-americano
BORN FOR LOVE

Direitos exclusivos de publicação em língua portuguesa para o Brasil adquiridos pela
DISTRIBUIDORA RECORD DE SERVIÇOS DE IMPRENSA S.A.
Rua Argentina 171 – Rio de Janeiro, RJ – 20921-380 – Tel.: 2585-2000
que se reserva a propriedade literária desta tradução

Impresso no Brasil

ISBN 85-01-03973-X

PEDIDOS PELO REEMBOLSO POSTAL
Caixa Postal 23.052
Rio de Janeiro, RJ – 20922-970

CÓPIA NÃO AUTORIZADA É CRIME
ABDR
ASSOCIAÇÃO BRASILEIRA DE DIREITOS REPROGRÁFICOS
RESPEITE O DIREITO AUTORAL
EDITORA AFILIADA

Todos nós nascemos para amar.
Este é o princípio da existência,
e a sua única finalidade.

Benjamin Disraeli

A Steven Short
com gratidão, admiração e amor.

São várias as fontes das muitas citações nestas páginas.
O crédito foi dado, sempre que possível.
Sou profundamente grato aos autores.

Gostaria de agradecer também a Daniel
Kimber, meu editor norte-americano;
a Debbie Anderson, Peter Slack,
Barbara e Charles Slack
e Carol Spain.

INTRODUÇÃO

Todos os dias, ouço o noticiário da manhã. Ouço o caso de um homem que, ao fazer sua caminhada diária num parque perto de casa, foi assaltado e espancado. O da criança ferida por uma bala disparada por um louco. O do marido que estrangulou a esposa numa crise de ciúme. Outro escândalo de corrupção no governo. Novos episódios de violência racial. Outro caso de impunidade num crime flagrante. A morosidade da justiça. Outro levante violento numa penitenciária apinhada de presos. Apesar disso tudo, me visto, tomo café e, com renovada determinação, seguro meu escudo de otimismo e enfrento o mundo com a coragem de alguém que ama. Sei que parece uma atitude ingênua, talvez simples demais para alguém mais cético. Mas, a meu ver, é a única atitude sensata.

Para algumas pessoas, é difícil aceitar o amor como opção. É uma postura que parece opor-se à tese do amor romântico, defendida por quase todo mundo, e segundo a qual o amor é inato e só requer que o aceitemos. Esta teoria prega que o amor é uma força mágica que nos liberta de todo o sofrimento e resolve todos os problemas, que ele é um fim em si mesmo. Em certa medida, há um pouco de verdade nesse ponto de vista. Porém, ter uma capacidade inata para amar não é o mesmo que ter aptidão e competência para amar.

O amor, sem dúvida, tem sua inscrição genética, mas precisa ser despertado, estudado, ensinado e praticado para que tenha um verdadeiro significado.

Até hoje, mesmo os espíritos mais argutos e os mais sofisticados recursos tecnológicos não conseguiram desvendar as sendas, os poderes e os mistérios do amor. Portanto, qualquer conversa sobre o amor continua a desencadear reações intelectuais e emocionais das mais confusas. É rejeitado por algumas pessoas como doença, um delírio auto-induzido, uma afronta ao bom senso, um obstáculo para o autocontrole. Ao mesmo tempo, outras o celebram como o maior dos valores humanos, uma dádiva de Deus, a mais poderosa e potente forma de energia humana, que realça a vida, e que talvez seja o seu maior significado.

Por ter me dedicado, durante os últimos 25 anos, ao estudo do amor, os leitores podem ter a certeza de que muitas vezes fui acusado de ser um romântico incurável, sem esperança. Não o nego. Mas não vejo nisso uma falha. Pelo contrário, considero uma vantagem. Talvez seja de fato uma pessoa crédula e tola. Mas o amor mostrou-me o caminho para uma vida mais interessante, mais plena e mais admirável. E ainda me deixo conduzir pelo coração. Sem dúvida, já me vi em apuros, de vez em quando. Descubro, porém, que o coração cicatriza e que podemos viver muito bem com um coração ferido.

No entanto, não sou tão ingênuo a ponto de acreditar que alguém possa ter êxito no amor guiado tão-somente pelo pulsar do coração. O pensamento também conta: o amor pode beneficiar-se de um sério estudo, de uma séria análise e de um sério aprendizado.

A opção pelo amor não exclui o bom senso. Tampouco nos obriga a barrar nossos pensamentos na porta de entrada. Aquelas pessoas que vêem no relacionamento amoroso uma montanha-russa de emoções poderão descobrir que o intelecto, com a sua racionalidade, é capaz de ter uma influência estabilizadora, permitindo um passeio mais suave.

É uma injustiça falar em "amor à primeira vista", "amor eterno" e "amor incondicional", como se fossem dádivas que pudéssemos esperar apenas por sermos humanos. Continuamos a resistir à noção de que o amor pode ser aprendido, que exige grande esforço consciente para que atenda aos quesitos capazes de mantê-lo vivo. É preciso ressaltar que a maioria de nós está propensa a esperar e esperar. Até que se veja na solidão, no desespero, massacrada pela desesperança, antes mesmo de entrever, numa melhor compreensão do amor, uma saída possível. E assim continuamos a escarnecer do amor. Qual seria a conseqüência? Crescem a solidão, a desconfiança, a desesperança; os aborrecimentos, as dores de cabeça; crescem os casos de insônia, de impotência e frigidez, de anorexia e obesidade, de hipertensão, de infarto; crescem a fadiga e as frustrações, as mágoas e a angústia: cresce a procura aos psicanalistas; cresce também o consumo de medicamentos, de tranqüilizantes, de tóxicos; sem falar da inveja, do ódio, da ignorância, da violência, dos suicídios e homicídios, das prisões, que também crescem. Como crescem a tristeza e as lágrimas, a depressão e a apatia, as mortes.

É meu desejo que este livro possa nos ajudar a vencer esse dilema. Ele oferece algumas idéias que, espero, promovam uma análise séria, estimulem os sentimentos e, por fim, fomentem uma postura propícia à transformação e ao crescimento. Tentei colocá-las da forma mais simples e clara possível, repetindo algumas no intuito de enfatizá-las.

Não pretendo ensinar aos leitores "como fazer"... Limito-me a sugerir, como se lhes perguntasse "que me dizem de"... Não há começo ou fim e a leitura pode ser retomada de qualquer parte. É o leitor que se torna um guia pessoal. Embora haja inúmeras idéias aqui, na verdade, todas elas fazem parte de um único conceito. O amor não é nenhuma abstração mística e complexa. É alguma coisa acessível e humana que aprendemos com o vivenciar cotidiano, seja nos momentos de frustração, seja nos de êxtase.

É um livro para os estudiosos do amor, para homens e mulheres que estejam numa busca ansiosa do melhor que a vida tenha a lhes oferecer e que estejam determinados a não morrer antes de descobrirem, desenvolverem e liberarem o seu potencial para amar.

Reflexões sobre o amor

O amor requer esforço

O amor nunca morre por morte natural; morre por negligência e abandono. Por cegueira e indiferença, e por não se dar a ele o devido valor. Aquilo que omitimos é, muitas vezes, mais fatal do que os erros cometidos.

No final, o amor morre de tédio, por não ser nutrido. Não deixamos de estar apaixonados mais do que nos apaixonamos. Quando morre o amor entre duas pessoas, houve a negligência de uma ou das duas: deixaram de alimentá-lo e renová-lo. Como qualquer outro ser vivo que cresce, o amor requer esforço para manter-se saudável.

A grande tragédia da vida não está no fato de os homens perecerem, mas deixarem de amar.

W. SOMERSET MAUGHAM

Viemos para este mundo ignorantes do amor — e é assim que alguns o deixam

Nosso mundo continua a ser um mistério, mesmo para os mais cultos entre nós. Muitas vezes recorremos a profissionais, a líderes políticos e a outras pessoas célebres em busca de respostas aos problemas da vida e do amor, para depois nos desiludirmos com seus pés de barro. Se formos sábios, vamos descobrir que as respostas só vêm quando nós mesmos as elaboramos. Outras pessoas podem contribuir para o nosso entendimento, mas a aquisição da sabedoria pessoal é sempre uma tarefa interior. Ninguém pode consegui-la por nós.

Além disso, o conhecimento vem muitas vezes através da ignorância. Por isso, todos nós deveríamos nos sentir desafiados e estimulados pelo que não sabemos.

Estudei o amor durante os melhores anos de minha vida e me surpreendo com o quanto resta ainda por aprender.

Muitos de nós nascem ignorantes do amor e se conformam em permanecer assim. Não há nada de errado em cometermos erros e em não obtermos todas as respostas, desde que estejamos dispostos a admitir as dificuldades e a lutar pelo aperfeiçoamento pessoal. Os que acham que sabem tudo sobre o amor não têm meios de descobrir que não sabem.

Todas as vezes que adquirires um novo interesse, ainda mais, alcançares uma nova conquista, estarás aumentando o teu poder de vida.

WILLIAM LYON PHELPS

O fracasso no amor

No que diz respeito ao amor, não há fracasso. Ser malsucedido não é o mesmo que fracassar. É mais provável que o nosso desapontamento crie uma oportunidade para o aprendizado e o crescimento.

Se não arriscarmos no amor, jamais fracassaremos nele. Mas, o que é muito pior, jamais experimentaremos o seu encanto. Conforme nos garante Lloyd Jones, os que tentam fazer alguma coisa e fracassam são infinitamente melhores do que os que nada tentam fazer e têm êxito.

Parece que adquirimos a sabedoria mais por meio de nossos fracassos do que de nossos sucessos. Sempre pensamos no fracasso como a antítese do sucesso. Mas não é. O sucesso encontra-se muitas vezes exatamente do outro lado do fracasso.

Enquanto continuarmos em busca do amor, algum fracasso fatalmente ocorrerá. Mas a mágoa é um forte estímulo à ação. Quando procuramos descobrir as causas de nosso fracasso, sempre emergimos mais sábios. Adquirimos novas opções para velhos hábitos de conduta e novos recursos para encontros futuros. Sem dúvida, não se pode nesse caso falar em fracasso. Pelo contrário, é o caminho que leva à transformação duradoura. É o caminho das revelações, que nos vêm num estalo, e do crescimento interior. É o caminho do amor.

Não há fracasso, exceto quando se deixa de tentar.

ELBERT HUBBARD

Ser inflexível e amar

Há muitos anos, na Tailândia, tive um grande mestre budista que ensinava a sobrevivência emocional com um exemplo simples. "Seja como o bambu", dizia ele. "É resistente por fora, macio e oco por dentro. Suas raízes prendem-se com firmeza ao solo e se misturam livremente umas com as outras para adquirir força e apoio mútuo. O caule balança ao sabor do vento e se curva sem oferecer resistência. O que é flexível e se curva é bem mais difícil de quebrar."

Às vezes, é melhor lidarmos com as frustrações e as pressões cedendo a elas do que lhes oferecer firme oposição sempre que ocorrem. As coisas não costumam ser totalmente boas, nem totalmente más, nem costumam estar absolutamente certas ou erradas. A vida não é assim tão simples. As respostas e as soluções que buscamos costumam encontrar-se em algum lugar entre os opostos. Quando insistimos em olhar o mundo ora só em preto, ora só em branco, mais nos afastamos da compreensão, mais nos isolamos da verdade. Ceder não significa desistir, assim como ser flexível não é sinal de falta de convicção. Quase sempre, ao nos dispormos a ceder um pouco, ganhamos mais do que sonhávamos.

Com esta multiplicidade espetacular de cores no mundo,
é uma vergonha tornar tudo preto e branco.

DENNIS R. LITTLE

O amor não tem idade

Certa ocasião, caminhava com um amigo por um parque. Embora déssemos com muitos casais de namorados em nosso caminho, meu amigo só comentou quando nos deparamos com duas pessoas de idade, sentadas num banco, sendo amorosas uma com a outra. "Que coisa estranha", disse ele. "Você não acha que são um pouquinho velhos para isso?"

Acho interessante — e, à medida que envelheço, acho bastante aterrador — que releguemos o romance só para os jovens. Isso se deve à falsa noção de que as paixões esfriam ao envelhecermos. Perde-se a atração e a vitalidade, junto com o ímpeto para o amor e o romance.

Bobagem! O amor é como a vida: enquanto se respira, se ama. Na realidade, nossas opções de amar podem até aumentar, refletindo o acúmulo de vivências de uma vida inteira de sabedoria. Os sentimentos podem ter raízes mais profundas, podem se tornar ainda mais ricos e deslumbrantes com o tempo.

Viver apaixonado, independentemente da idade, é demonstrar que aprendemos a manter acesa a chama da paixão. O amor, como o vinho, com o tempo se torna mais gratificante, mais refrescante, mais valioso, mais apreciado, mais inebriante. Os amantes experientes se limitam a sorrir, perdoando os mais jovens por sua compreensão incompleta do amor. E bebem-no, até a última gota.

O lado bom de envelhecermos é que não perdemos nenhuma das idades por que passamos.

MADELINE L'ENGLE

O amor como obra de arte

Há toda espécie de artistas. Uma das que mais deveríamos celebrar é a dos artistas da própria vida, que usam seus instrumentos para exprimir o inexprimível: sem um pincel sequer, pintam a vida em cores vivas; sem um cinzel, esculpem a magia do existir; sem uma única escala musical, criam música para todos nós; sem qualquer coreografia, realizam a dança da vida.

Ao nascermos, cada um de nós recebe as ferramentas para criar uma vida feita de beleza. Essas mesmas ferramentas podem ser usadas para perpetuar a feiúra e a destruição. É de se esperar que compreenderemos, em algum momento de nossas vidas, que possamos decidir refletir a beleza. As obras de arte tangíveis fenecem com o tempo: muitas desmoronam como se fossem velhas paredes. Há as que perdem o mérito pelos modismos e tendências passageiros. Mas uma vida de amor dura para sempre.

Ninguém jamais calculou com exatidão, nem mesmo os poetas, o quanto suporta um coração.

ZELDA FITZGERALD

No amor, talvez seja
melhor fazer
concessões, sem
tentar marcar pontos.

O amor e o respeito a si mesmo

As pessoas precisam de uma atmosfera propícia para crescer e descobrir a sua identidade própria. Na verdade, devemos nos considerar felizes quando alguém dedicou tempo suficiente para observar com atenção nossas singulares centelhas de saber e nos ajuda a desenvolver nossas aptidões especiais.

Certa vez, li a história dos ilustres membros da família Taft. Aparentemente, sabiam muito bem reconhecer as aptidões e os pendores especiais dos membros da família. Quando Martha Taft cursava o primeiro grau em Cincinnati, pediram-lhe para se apresentar. E ela disse: "Meu nome é Martha Bowers Taft. Meu bisavô foi presidente dos Estados Unidos. Meu avô foi senador dos Estados Unidos. Meu pai é embaixador na Irlanda. E eu sou bandeirante."

Mesmo quando ninguém mais parece reconhecer os seres extraordinários que somos, sempre contamos com nós mesmos: essa fonte inesgotável de reforço positivo, a única pessoa que sempre e com muito orgulho desfraldará nossa bandeira pessoal.

Sou mais importante do que meus problemas.

Jose Ferrer

O medo da vulnerabilidade

Algumas pessoas só se convencem de que estão emocionalmente seguras quando ficam fechadas em si mesmas, sem a nada se expor. E toda essa cautela é para não se revelarem de fato. Por medo de serem vistas pelo que são, pois ficariam expostas e acabariam sem qualquer defesa. Protegidas e inexpugnáveis, suas relações nunca ultrapassam um nível superficial. Ao mesmo tempo, lamentam a ausência da intimidade profunda necessária para o amor.

Quando nos defendemos, nos protegemos e nos resguardamos, isolamo-nos na solidão. Talvez escapemos de traumas afetivos, mas, ao proceder assim, perdemos o máximo da alegria da intimidade verdadeira. Só quando nos permitimos ser vulneráveis é que temos uma chance de sucesso no amor.

Se, no fim, ficarmos decepcionados, ou se formos enganados ou traídos, podemos ao menos dizer que tentamos. E, de certo modo, teremos sido bem-sucedidos se não deixarmos que as cicatrizes da experiência transformem nossa pele numa couraça espessa e impenetrável. Quando conseguirmos perceber que a vulnerabilidade é a alma do amor, ficaremos curados. E tentaremos de novo.

A verdadeira felicidade só vem quando nos entregamos por inteiro, pródigos, a um propósito.

WILLIAM COOPER

Não espere que o amor venha até você

Uma vez alguém escreveu que de nada serve esperar pela chegada do barco do amor a menos que a própria pessoa o tenha lançado na água. Sei que muitos de nós estão determinados a esperar pelo amor: é a crença de que "um dia o meu príncipe (ou a minha princesa) chegará". Para poucos felizardos esse sonho pode se tornar realidade. Outros, entretanto, ficarão na eterna espera. E depois, muitas vezes, tornam-se seres humanos céticos e amargurados, com medo demais para amar e talvez até mesmo incapazes de reconhecer o amor quando ele chegar.

Quando eu lecionava a disciplina do Amor, certa ocasião fomos visitados por um cão. Ele entrou na sala de aula sem medo, abanando a cauda e perambulando em meio aos alunos sentados, recebendo toda a atenção que queria. Os estudantes, naturalmente, reagiram com afagos e carinhos, fazendo com que uma jovem observasse com secura: "Isso é típico na minha vida. Estou aqui todo esse tempo, magoada, mergulhada na solidão, e nem uma pessoa sequer me ofereceu um gesto de compreensão. Um cachorro perdido entra na sala e vira o centro das atenções! Tem alguma coisa muito errada nisso."

"Talvez nem tanto", interpela um jovem. "O cachorro entrou e pelo seu comportamento nos disse que estava aberto ao amor. A sua mensagem foi simples, clara, sem ameaçar ninguém. Já você, limitou-se a ficar aí sentada, estóica, sem nada revelar. A gente não sabe ler pensamentos. De vez em quando, você deve dizer alguma coisa, pelo menos insinuar o que quer."

Se quisermos que uma mensagem de amor seja ouvida, temos de emiti-la. Para manter acesa uma lamparina, temos de abastecê-la com óleo.

MADRE TERESA

O amor é nutrido pelo otimismo

As pessoas que começam um relacionamento com receio do fracasso ou do sofrimento têm boa chance de se descobrirem profetas. Não há maior gesto precursor de fracasso do que considerá-lo como possibilidade. Por outro lado, temos todas as razões para acreditar que nosso amor terá êxito e florescerá, que nossa união com outra pessoa nos trará ainda maiores possibilidades de alegria e felicidade.

Por que nosso futuro não deveria ser cheio de luz, bondade, produtividade e crescimento? Precisamos viver na esperança de que todas as nossas decisões, todos os nossos atos, nos conduzirão no rumo certo; no rumo necessário para o sucesso no amor. Mesmo os nossos erros podem ser fonte de otimismo a oferecer-nos novas oportunidades para um novo aprendizado e uma maior consciência.

O amor não insiste na perfeição, e tampouco nós devemos nela insistir. O amor progride com uma visão positiva do eu, da vida e do mundo. Quando mantemos nossa atenção em imagens construtivas que enriquecem os relacionamentos, nos vemos menos limitados pelo passado e mais encorajados pelo presente. A experiência revela que temos a tendência a realizar os sonhos quando de fato queremos que aconteçam. As pessoas que amam aprendem não só a esperar pelo melhor, elas lutam para que isso aconteça.

O otimista pode ver luz onde não há, mas por que sempre precisa o pessimista apressar-se em apagá-la com um sopro?

MICHEL DE SAINT-PIERRE

O inesperado no amor

Mesmo os amantes mais ardentes tendem a se acalmar e a sossegar no amor. Despreocupados, confiantes demais, deixamos de dar o devido valor a nossos relacionamentos e nos tornamos complacentes. Para o amor essa pode ser uma atitude arriscada. Os sintomas de um problema emergente podem abranger a aceitação apática de tudo, o desejo de permanecer na segurança só trilhando os caminhos que nos são familiares, e um sentimento indefinido de que está faltando alguma coisa. A cura envolve a disposição para uma atitude mais ousada; é preciso trilhar caminhos que estimulem, surpreendam e renovem.

Nada é tão fatal quanto a previsibilidade. As rotinas monótonas têm uma forma insidiosa de se insinuar em nossas vidas: sempre o almoço no mesmo restaurante aos domingos; sempre a visita aos familiares do cônjuge às quartas; sempre o cinema às sextas. E com esse fio de hábitos vamos urdindo a rotina da vida até nos vermos atados, limitados sempre a vivenciar as mesmas coisas, numa estreita visão da vida. O que precisamos nessa situação é do gesto inesperado e feliz da surpresa: um jantar, um presente, um pouco de loucura para sacudir essa existência mortífera, rotineira.

O amor míngua na previsibilidade; sua exata essência é a surpresa e o deslumbramento. Tornar o amor prisioneiro da rotina dia após dia é roubar-lhe a chama da paixão e perdê-lo para sempre.

Os milagres são instantâneos, não podem ser convocados,
mas vêm por si mesmos, em geral em momentos
improváveis e para os que menos os esperam.

KATHERINE ANN PORTER

O amor sabe o que é essencial

Algumas pessoas temem que, com o desaparecer da beleza, também desapareça o amor. Mas é pequeno o verdadeiro conhecimento que têm acerca do amor, como pequeno é o respeito por si mesmas, porque, na realidade, o que ocorre é o contrário: a beleza só se dissipa quando acaba o amor.

O amor nos deixa na cômoda posição para aceitarmos as imperfeições do outro. O amor não fica horrorizado quando nós, de pé e seminus no banheiro, gargarejamos em voz alta, com os cabelos a esvoaçar para todos os lados. Nem se incomoda que tenhamos adquirido uma ruga a mais no rosto, que a nossa pele se tornou mais flácida, ou que tenhamos ficado mais barrigudos. Quando amamos, vemos além desses pormenores sem importância. Concentramo-nos na beleza interna, que não é afetada pelo tempo ou pela idade. Não que o amor seja cego: na verdade, o amor só vê o essencial.

Não há maior embelezador da pele, da forma ou do comportamento, do que o desejo de distribuir alegria e mitigar o sofrimento à nossa volta.

RALPH WALDO EMERSON

Quando o amor é adiado para outro dia

Para muitos, a idéia de exprimir o amor é tratada como o livro que pretendíamos ler, o telefonema que pretendíamos dar, a carta que planejávamos escrever. Nossa vontade é sincera, nossas intenções são boas, mas há sempre um bom motivo para não realizarmos nada. Talvez o momento não seja o mais oportuno, talvez esse não seja o melhor estado de espírito, talvez os planetas estejam em posição desfavorável; serve qualquer desculpa! E os nossos dias enchem-se de oportunidades perdidas e de adiamentos em lugar do amor, tão necessário.

Há coisas que simplesmente não deveriam ser adiadas. A criança que vem correndo até nós em busca de carinho ou de generosos elogios quer recebê-los naquele momento, e não de acordo com nossa conveniência. A amiga ou o amigo que precisa de um ombro para chorar não vai poder esperar por um momento mais oportuno. Aquele que amamos e que precisa ser tranqüilizado não deverá ficar à espera. O amor é um compromisso que assegura que estaremos lá, quando formos necessários. A noção de que talvez haja uma hora mais conveniente para amar tem causado em muitas pessoas uma vida toda de pesar e arrependimento. Não há como reparar ou compensar os momentos em que se fazia necessário o amor, mas o adiamos.

Aquele que deixa escapar a oportunidade de ajudar a outra pessoa perde uma das experiências mais ricas que a vida tem a oferecer.

TEXTO PÁLI

O amor cria um
"nós" sem
destruir o "eu".

Uma sã condição para o amor incondicional

Sempre ouvimos falar no amor incondicional. É comum ouvir dizer que, quem ama, ama "sem condições" restritivas. Mas não tardamos a encontrar dificuldade em atender à exigência do amor "incondicional". Com efeito, há pelo menos uma condição obrigatória para que amemos alguém, ou seja, que essa pessoa continue a crescer como pessoa, distinta de nós. Se sentirmos, por um momento, que estamos impedindo alguém de crescer, precisamos, de imediato e com cuidado, reexaminar o nosso amor. Precisamos não só respeitar a necessidade de crescimento de quem amamos, como devemos fomentá-la, mesmo com o risco de perder a pessoa amada. Parece irônico, mas é verdade: só no constante crescimento individual é que há qualquer esperança de que duas pessoas cresçam juntas.

É uma falácia dizer que para preservar o amor duas pessoas devam fundir-se completamente num único ser. Ficar juntos, ao pé da lareira, é uma cena tocante e agradável, desde que o fogo não se apague por falta de lenha: um dos dois terá de sair para repô-la. Feito isso, retornamos ao pé da lareira, onde o fogo agora é mais vivo, e nos aquece mais, nos dá mais calor.

As coisas não mudam, nós é que mudamos.

HENRY DAVID THOREAU

Amor é gratificação

Embora não possa haver objetivo mais gratificante na vida do que o de amar e ser amado, dificilmente o encontramos no alto da lista de desejos das pessoas. Dinheiro, fama e posses são em geral mais desejados, porque presumimos erradamente que, se os conquistarmos, o amor virá e fluirá com eles. Nada poderia estar mais distante da verdade. É lamentável: nossos desejos nem sempre coincidem com o que é melhor para nós. O fascínio dos bens materiais e dos prazeres temporários deste mundo exerce inegavelmente forte atração, mas seria bem mais inteligente irmos em busca de sinais mais substanciais de felicidade e gratificação.

Quando nos gratificamos no amor, podemos começar a sentir um verdadeiro senso de segurança, de paz e de satisfação; um sentimento que não oscila com as tendências do momento. Uma relação amorosa nos dá uma riqueza interior que supera o maior dos prazeres exteriores.

As pessoas querem a riqueza. Precisam de gratificação.

BOB CONKLIN

O fluxo natural do amor

Minha mãe, em seu leito de morte, me repreendeu por chorar. “A que você está se agarrando?”, perguntou-me. Naquele momento, estava muito chocado e entristecido para permitir que a sabedoria de suas palavras se firmasse em meus pensamentos. Mais tarde, contudo, compreendi que ela me dizia para me agarrar à vida, para que prosseguisse com a vida. O seu tempo esgotara-se, ao passo que eu tinha todo o meu ainda pela frente.

Desde então já me desfiz de várias coisas, e essa atitude fez toda a diferença. Recentemente me mudei da casa onde morara durante mais de quarenta anos. Lembranças de alegrias, de sofrimentos, de beleza, de sonhos, de pessoas e de aventuras ocupavam todos os armários e todas as gavetas de todos os cômodos. Pensei que nunca seria capaz de entregar esta casa na mão de estranhos e de abandoná-la.

Porém, lembrando-me da pergunta de minha mãe, simplesmente fechei a porta e saí. Foi tão simples. Percebi que as lembranças e os sonhos que tanto valorizava não estavam pendurados em armários nem guardados em gavetas: estavam comigo e eu os levaria para onde quer que fosse.

É profundamente humano nos apegarmos ao que temos, mas, ao agirmos assim, destruímos a trama e o fluxo natural da vida.

Há um movimento natural no sentido do amor, também. E não tem princípio nem fim, não mais do que se fixa em um momento de nossa vida. É contínuo e está em constante expansão, encontrando pródiga expressão em novas vivências, e vive eternamente em vivas reminiscências.

Meu interesse está no futuro, porque é onde vou passar o resto de minha vida.

CHARLES F. KETTERING

No amor não se marca pontos

Partilhar no amor não significa anotar, numa folha de papel, quem está fazendo o que e quem é que faz mais. Há ocasiões em que damos mais do que recebemos, mas também há momentos em que precisaremos e receberemos mais do que somos capazes de dar. É no esporte que marcamos pontos, num campeonato, não num relacionamento onde prima o apoio mútuo. O amor verdadeiro requer que demos à outra pessoa sem que se cogite quem está levando a melhor. A noção de que o amor envolve alguma espécie de *quid pro quo* é, no máximo, imatura e precisa ser superada. Na pior das hipóteses, é uma distorção do amor que transforma duas pessoas em infelizes oponentes competindo pelo controle.

De todos os jogos do amor, talvez esse seja um dos mais delicados. Quando as pessoas são maduras o suficiente e cuidam para não entrar em competição, simplesmente não há mais competição. O amor declarou outra vitória.

Há muitas verdades cujo pleno significado só é percebido quando a experiência pessoal as traz para casa.

JOHN STUART MILL

Em busca do amor

Nada, exceto talvez a Fonte da Juventude, jamais nos levou a uma busca mais persistente e frenética do que o amor. Começamos a buscá-lo quando crianças, e nossa busca só termina quando morremos.

Estou convencido de que não podemos viver sem amor. Estou convencido de que o amor é tão mutante, tão evasivo, tem tantas faces, que quem o persegue cai, muitas vezes, em frustração. Talvez fosse melhor parar de persegui-lo e apenas vivê-lo.

Talvez o amor venha para quem o espera, mas que seja uma espera *ativa*, jamais uma espera passiva, ou talvez tenhamos de esperar por ele eternamente.

Ah, se você fosse amado, se amasse e se fosse digno do amor!

BENJAMIN FRANKLIN

Amar não é competir

É lamentável que tantos de nós se sintam estimulados a desenvolver um espírito competitivo, no início da vida, para depois ver muitas vezes que nada dá certo. Perde-se o espírito cooperativo necessário para o amor. O mundo se torna uma arena competitiva de vencedores e perdedores, onde o caráter é moldado segundo a capacidade de cada um de sobreviver, onde vencer é o único sinal de sucesso, e onde, constantemente, medimos nossas forças ante a força de outras pessoas para avaliar e validar nosso valor.

O amor não é um esporte competitivo. Para vencer no amor é preciso cooperação, compromisso, carinho e atenção. Só quando dominamos isso é que vencemos. Todos nós.

Não podemos viver só para nós mesmos. Há uma rede de milhares
e milhares de fios que nos liga a todos os homens. E em meio
a todos esses fios, feito fios humanos solidários,
nossos atos agem como causas, e a nós retornam, como efeitos.

Herman Melville

Aquele que relaxa nos
braços do amor
costuma despertar nos
pés da desilusão.

Nunca se canse de dizer "eu te amo"

A frase é simples: "eu te amo". Mesmo assim, não encontro palavras que tenham maior força do que essas. François Villon, poeta francês, escreveu: "Eu te amo. São palavras fáceis de dizer, mas me falha o coração ao dizê-las. O seu significado é tão pleno e tão musical quanto o dobre do sino do destino."

Não deveríamos nunca nos cansar de exprimir o amor, porque certamente nunca nos cansaremos de ouvir quando alguém o exprimir. É estranho: como é simples usar os verbos amar e adorar com seres inanimados. Não hesitamos em dizer que amamos ou adoramos nosso carro, nossas roupas, nossa comida. Mas temos sérias dificuldades em verbalizar nosso amor por outros seres humanos, mesmo para os mais íntimos.

Na minha aula de Amor, exigi que cada aluno fosse para casa, olhasse o pai nos olhos e dissesse: "Pai, eu te amo." A tarefa revelou-se fonte de imensa ansiedade. A reação dos pais foi sempre surpreendente — do completo choque ao balbuciar: "Fico contente, mas o que há com você?" ou "Sei disso. Você não precisa me dizer."

A mensagem "Eu te amo" não é do tipo que se possa subentender. Ao contrário, precisa ser dita sempre quando e onde o amor estiver presente.

Há mais fome de amor e de admiração neste mundo do que de pão.

Madre Teresa

A arte de permanecer apaixonado

As prateleiras de nossa biblioteca estão repletas de livros que nos dizem como vencer o jogo do amor. O problema é que quase todos eles tratam o amor como um jogo, mas ninguém quer ser tolhido pelas regras. Pior: há um grande número lamentável de pessoas que nem sabem da existência de regras.

Apaixonar-se é fácil. Na verdade, é tão fácil que algumas pessoas conseguem se apaixonar regularmente. A paixão a que chamam *amor* dificilmente vai além do estágio embrionário, ou, para sermos mais exatos, raramente é discernida acima da cintura. Este *amor* representa pouco mais do que uma expressão carnal que, uma vez percebida, vai perdendo força até que em outra ocasião torna a ser reativada por um novo *interesse amoroso.*

Permanecer apaixonado requer bem mais de nós. Satisfazer os sentidos pode ser o maior desafio para alguns, mas na realidade é a parte mais fácil. A mente e o espírito não só requerem atenção constante como também estimulação constante. Só quando assumimos a responsabilidade pela intensificação do Eu total é que o amor pode sobreviver.

Você pode trabalhar em alguma coisa durante vinte anos e daí sair com vinte anos de valiosa experiência, ou sair apenas com a experiência de um ano, multiplicada vinte vezes.

GWEN JACKSON

Amor e perfeição

A perfeição humana é uma ilusão. Ninguém é perfeito. Nada é perfeito. Na arte, costuma ser a falha o que torna a obra-prima mais fascinante.

Lutar para fazermos o melhor possível, assim é a vida. O problema está na convicção mal orientada de que não seremos amados, salvo se alcançarmos os mais elevados padrões de conquista e realização. Esse tipo de convicção gera um comportamento compulsivo que só consome nossas energias e não nos leva a lugar algum.

É uma noção tão extremada que algumas pessoas ameaçarão suicidar-se por terem deixado queimar a carne. Outras transformam os prazeres da jardinagem numa louca obsessão, simplesmente porque o seu jardim tem de ser o mais bonito da vizinhança. Essas pessoas agem como se os erros ou as pequenas imperfeições fossem manchas permanentes, irreversíveis, na sua imagem tão cuidadosamente construída.

Poucos morrem por imperfeição. À maioria é permitido tentar de novo, aperfeiçoando as decisões e as condutas. Não temos de acertar sempre.

Quando renunciamos à necessidade neurótica de sermos perfeitos, ficamos livres das pressões da santidade e podemos aprender com os nossos erros, sem sermos destruídos por eles.

Se você não se perdoa pelo que fez, como poderá perdoar os outros?

DOLORES HUERTA

O amor duradouro

Há toda uma literatura que pretende nos "ensinar" a mantermos o amor vivo. Pois esse ensinamento pode ser resumido em duas palavras: esforço persistente. Quando somos contidos, afastados, ignorados, magoados, rejeitados, precisamos fazer como o coração, que continua batendo mesmo em um corpo ferido: precisamos persistir. Se não estivermos preparados para nos recuperar rapidamente no amor, temos de nos preparar para um relacionamento breve.

Quase todo mundo é culpado por jogar as mãos para o alto, em desespero, por causa de algum ato ou atitude de aparente desamor ou de algum problema aparentemente insolúvel no relacionamento. Todas as tentativas de corrigir a situação parecem nos empurrar para outro fracasso estonteante até que, por fim, perdemos a motivação, se não a razão, para tentar uma vez mais.

Como não podemos viver sem amor, temos de levantar e tentar de novo. Ajuda lembrar que existem poucos obstáculos capazes de resistir à perseverança, à determinação, à paciência e, acima de tudo, a mais amor.

Não importa que você tenha sido derrubado.
O que importa é levantar e começar de novo.

VINCENT LOMBARDI

Primeiro, renda-se à vida, depois, a entenda

Todo mundo se preocupa em desvendar o que é a vida. Quando conseguem descobrir, o espetáculo terminou.

Há uma velha história sobre um peregrino que foi ao encontro de um grande sábio no alto do Himalaia. Acreditava que o sábio possuísse o segredo da vida. Depois de exaustiva viagem, acabou vendo-se face a face com o velho sábio numa caverna perdida nas montanhas. Ali se encontrava ele, em reclusão, já há muitos anos, seminu, a cobrir-lhe o corpo alguns trapos sujos. No rosto e na cabeça, um emaranhado de cabelos brancos como a neve. Os olhos vermelhos, pela falta de sono.

O peregrino, nervoso, senta-se ao lado do mestre:

— Diga-me — suplica. — Qual é o segredo da vida?

— O segredo da vida é simples — responde o mestre. — A vida é apenas uma tigela de cerejas.

O peregrino fica espantado com a resposta do mestre.

— Uma tigela de cerejas! — exclama.

O mestre então reflete por um momento e, voltando-se para o peregrino:

— Você quer dizer que não é?

A vida é o que está acontecendo enquanto perdemos um tempo precioso refletindo sobre o que será a vida.

A mente humana é como um pára-quedas: só funciona quando está aberta.

ANÔNIMO

Saber ouvir é
saber amar.

O isolamento é uma ilusão

Todas as coisas estão inter-relacionadas. Diz-se que uma folha não cai e uma criança não sofre sem que cada um de nós, de algum modo, também caia ou sofra. Por fim, aceitamos o fato de que o mundo é pequeno e que, dia após dia, se torna perceptivelmente menor. Não há mais um lugar onde podemos nos esconder uns dos outros.

Nenhum muro é alto ou resistente o bastante para nos separar da solidão ou do desespero dos outros. Mesmo que nos convençamos de que não precisamos das outras pessoas, elas precisam de nós.

O amor é o elo mais eficaz entre todas as coisas. Tem o poder de iluminar, curar, unir, enriquecer e restaurar. Basta que estejamos abertos a ele.

Assim como a onda que não pode existir por si mesma e tem de sempre participar da ondulação do mar, jamais podemos experimentar a vida por nós mesmos: temos sempre de partilhar a experiência da vida que está à nossa volta.

ALBERT SCHWEITZER

A pessoa prudente conhece o amor

O amor, numa visão convencional, é sobretudo uma coisa do coração, algo intangível que, muitas vezes, nos domina com emoções indescritíveis. Os índios Lakota, por outro lado, acreditam que o amor seja a primeira sabedoria que nos é dada e que todas as coisas derivam desse conhecimento.

Ao falarmos do amor à primeira vista entre duas pessoas, só podemos esperar que, para o seu próprio bem, vejam, à simples vista, a necessidade da prudência. O que quer que os tenha unido, só os manterá unidos se estiverem determinados a se conhecer um ao outro, cada vez mais. O amor precisa crescer para durar. Deve receber o alento da experiência, da compreensão, da paciência, do julgamento e da discrição mútuos. Pela sua natureza, tão complexa, está sempre a redefinir-se.

Aceitar a natureza mutante do amor é ser fiel tanto ao pensamento como ao coração.

O amor é a força motriz dos mais elevados valores da vida humana: do poder da verdade, do conhecimento, da beleza, da liberdade, da bondade e da felicidade.

PITIRIM SOROKEN

Os riscos de amar

Ouvi dizer que não faz mal a gente mergulhar em água quente, pois, ao sairmos, estaremos mais limpos. O risco sempre vale o esforço.

Também me disseram que se eu deixasse um bom emprego para sair viajando pelo mundo, me arrependeria e com certeza não iria ocupar o cargo de professor. Apesar disso, saí viajando. Quando voltei, encontrei um emprego ainda melhor e fui nomeado professor, independentemente de minha decisão.

Também me disseram que se eu desse aulas sobre o Amor na universidade — que me pareciam muito necessárias —, seria considerado um maluco. Mesmo assim, passei a dar aulas sobre o Amor, fui de fato considerado um maluco, e as aulas e as turmas mudaram toda a minha vida para melhor.

Quando era pequeno, muitas vezes me disseram que os sonhos das pessoas que correm riscos não se realizam. Também me disseram que eu nunca entraria na faculdade e que também seria melhor que eu tivesse objetivos mais acessíveis, que me voltasse para metas mais realistas. Mas continuei a sonhar e a definir meus objetivos, de uma forma ou de outra. Não só fui para a faculdade, como me graduei com doutorado.

Nunca desisti de um único sonho.

Para mim, tudo que vale a pena é um risco. Estar a salvo do risco é perder a essência do jogo. Por certo, o risco traz consigo a possibilidade do sofrimento, embora haja um sofrimento mais profundo oriundo do vazio de nunca se ter arriscado em nada. Sem dúvida, ninguém que teve êxito no amor alguma vez esteve a salvo do risco.

É divertido fazer o impossível.

WALT DISNEY

O amor sincero cresce com as diferenças

As pessoas que esperam receber na mesma medida o quanto dão de amor estão fadadas a sérios desapontamentos. O amor não é pesado e oferecido em medidas iguais. Como todos nós mergulhamos em nossos relacionamentos como pessoas com diferentes histórias, recursos e experiências, trazemos todo um conjunto de possibilidades, forças e fraquezas diversas para o relacionamento. Um dá mais alento, o outro é mais retraído; um é mais inseguro, o outro, mais estável, e assim por diante. Não é possível, nem mesmo desejável, que duas pessoas se equilibrem por completo. O desequilíbrio gera o desafio e a motivação para o crescimento. Vistas dessa forma, as diferenças têm o potencial de unir, embora muitas vezes se espere que façam justamente o oposto.

Isso é parte do milagre do amor: as pessoas podem se apaixonar perdida, louca e completamente, e, mesmo assim, seguir o próprio bater do coração.

Viver no amor nunca será monótono.

L.F.B.

Faça do amor uma arte

Muitos de nós temos uma visão teórica acerca do amor. Criamos um parâmetro fixo, cômodo, para nossos sentimentos. E dentro desses limites que impomos a nós mesmos, nos sentamos, nos recostamos. Não vamos até o amor: esperamos que ele venha até nós. Lemos romances, vamos ao cinema, assistimos a programas de televisão para que o amor nos venha indiretamente. Somos meros espectadores passivos. Temos medo das emoções que nos fazem exigências, que talvez possam escapar de nós.

Não se sabe de um amor que tenha florescido em meio a uma atmosfera como essa. Os verdadeiros amantes fazem mais do que buscar o consolo no amor, lutam para transformá-lo numa arte. Têm plena ciência de que para isso é necessária uma contínua expansão dos sentidos e um aguçamento das percepções, a fim de acompanharem os desafios do amor.

O amor é uma vasta tela à espera de nossa expressão artística. A obra nunca se completa, está sempre em evolução. Mas como costuma acontecer com todos os empenhos criativos, à medida que trabalhamos, somos abençoados por uma visão mais ampla, uma revelação mais profunda, e pela alegria que advém, sobretudo, do próprio processo artístico, bem menos preocupados com as críticas e com a finalização da obra-prima.

Amar, como rezar, é uma força e um processo. É cura. É criação.

ZONA GALE

Para sermos afirmativos no amor

Recentemente, a literatura de auto-ajuda tem nos tranqüilizado, em profusão, quanto ao nosso direito de sermos afirmativos. E nos diz que todos devemos ser o que somos, dizer o que sentimos, e, dentro dos limites da sociedade, fazer o que bem entendermos. E nos estimula: é preciso que nos expressemos sem submissão e timidez. Porém, há pessoas que interpretam essa atitude como a de quem é de uma sinceridade brutal e em geral antipática, chata, na medida em que só promove a sua própria finalidade. Esse comportamento baseia-se na premissa de que a timidez não leva ninguém a nada nem a lugar nenhum.

Para sermos afirmativos, não precisamos atacar. Com efeito, a afirmação pessoal eficaz é, na maioria das vezes, educada, cortês e gentil. É possível dizer o que queremos sem ameaçar a quem nos ouve, sem colocá-lo em posição submissa.

Para sermos afirmativos, no bom sentido, é preciso lutar pelo equilíbrio entre defender o que acreditamos que seja certo e o que sabemos ser o direito dos outros. Precisamos saber o que queremos, como nos sentimos e o que pensamos, e afirmar as coisas de forma simples e abertamente sem rancor ou medo.

Quando uma pessoa aponta o dedo a outra pessoa, deveria lembrar que outros três de seus dedos apontam para si mesma.

Louis Nizer

Nós, na grande
maioria, somos
peões num jogo de
amor que não
compreendemos.

As prioridades do amor

Para saber o quanto nos importamos com determinada pessoa, convém situar, em nossa lista de prioridades, onde está a sua felicidade e bem-estar. Talvez essa afirmação pareça mecânica e arbitrária, mas é um indicador simples e confiável para medir nosso amor.

Todos temos prioridades pessoais, conscientes ou não, sempre que temos de distribuir o tempo e fazer opções em nossa vida social. Quantas vezes, por exemplo, colocamos nossas necessidades e nossos desejos adiante dos daquelas pessoas que amamos? Será que o desejo de nossos parceiros de ir a um jantar uma determinada noite é mais importante do que deixarmos de ir a um jogo, a um *show* ou encontrarmos os amigos? Será que deixamos quem amamos esperando porque consideramos nosso tempo bem mais valioso do que o dessas pessoas amadas? Estaríamos dispostos a adiar nossos desejos e a reformular nossas prioridades em prol da felicidade delas?

Não quer isso dizer que devemos estar todo o tempo reorganizando nossas vidas em função dos outros. Apenas sugere que talvez conviesse julgar o valor que damos aos nossos relacionamentos amorosos, olhando com honestidade as prioridades em nossas maneiras de agir.

Amar é colocar nossa felicidade na felicidade de outra pessoa.

GOTTFRIED WILHELM VAN LUBREITZ

Você é o bastante

Você é o você perfeito. Ninguém pode ser um você melhor, não importa o quanto deseje. Isso não significa que você não tenha o potencial de se tornar melhor, mas que você não está competindo com ninguém. Quando aceitar, de verdade, o fato de que tem tudo de que precisa para se tornar plenamente você mesmo, se livrará de uma identidade artificial, criada por si mesma. Para ser quem você não é, é preciso uma quantidade imoderada de gastar a energia que talvez fosse melhor aplicada numa atividade mais produtiva.

Como você é um ser de singular qualidade, a mensagem neste caso é clara. Você tem algo a oferecer que nunca mais será possível. Desvalorizar esse fato não será apenas uma tragédia para você; será também para o mundo.

Sou somente uma, mas ainda sou uma só. Não posso fazer tudo, mas ainda posso fazer alguma coisa. Não me recusarei a fazer o que posso fazer.

Helen Keller

Mais do que um espelho

Removamos o egotismo do amor e lamentavelmente restarão muito poucos amantes. Dizem que, como Narciso, buscamos para amar pessoas que nos espelham. E insistimos: aquela pessoa que nos ama tem de continuar a nos elogiar, a fortalecer nossas convicções, a se orgulhar de nossos atos e a tornar nosso bem-estar superior.

Todos os aspectos do amor são vistos com referência a nós mesmos. Simplesmente glorificamos essa fantasia e nos apressamos em rejeitar qualquer coisa que não se enquadre nessa atitude e nessa percepção. Se alguém ousa discordar de nós, ou apresentar uma diferente visão do mundo, temos certeza de que não nos poderá amar. Se alguém nos critica, nos apressamos em rotular tal atitude como desamor. Nossa visão nada vê além do "Eu". Queremos que os outros não passem de lentes através das quais nos afirmemos.

Quando nos comportamos dessa forma, não amamos a quem pensamos que amamos; apenas adoramos sermos amados.

Você pode fazer mais amigos em dois meses, interessando-se por outras pessoas, do que é capaz de fazer em dois anos, tentando que os outros se interessem por você.

Dale Carnegie

O amor só é amor quando utilizado

Aparentemente, é tão pouco o amor partilhado neste mundo que não surpreende quando perguntamos: "Para onde foram todos aqueles que amam?" Já que o amor é a principal forma de energia para o bem e que sua utilização está em nosso alcance, é intrigante verificarmos como são raras as ocasiões em que assim agimos. O amor só deixa de ser uma idéia inútil e abstrata depois de o colocarmos em ação.

Uma concepção errada sobre o amor é a de que seja finito, de que, ao darmos muito amor ou com muita generosidade, estaremos esgotando o seu manancial. As pessoas que nisso acreditam são muito frugais no amor e passam a vida inteira acumulando-o, entesourando-o, para quê, não consigo imaginar.

O que mais temos para dar que nos custe tão pouco? O que mais é tão inesgotável em seu manancial? O que mais propicia tantos benefícios para quem dá e para quem recebe?

A menos que vivamos sempre em atividade no amor, não estaremos aproveitando essa suprema dádiva que recebemos e que, por nossa vez, temos a oferecer.

Se puder salvar um coração em tormento, não terei vivido em vão.
Se puder aliviar de uma vida o sofrimento, ou aplacar a dor
de uma paixão, ou ajudar quase extinto passarinho a subir
ao ninho e ao vento, não terei vivido em vão.

EMILY DICKINSON

Para compreendermos temos de ser compreensivos

Fiquei fascinado ao descobrir que o significado etimológico do verbo *understand* (entender, compreender, em inglês) é literalmente "observar por debaixo". Há uma grande sabedoria nisso. Para compreender algo, é preciso verdadeiramente conhecer na plenitude o objeto, de baixo para cima.

Nós, seres humanos, adoramos nos apressar em nossos julgamentos. Temos opinião sobre tudo, mesmo quando nada sabemos sobre o assunto. Passamos um tempo enorme prevendo, avaliando, especulando, decidindo e criticando, em geral com pouco ou nenhum fundamento. Na maioria das vezes, isso é verdade porque estamos confinados em nosso entendimento das coisas pelo que sabemos sobre nós mesmos, o que freqüentemente pode ser, de fato, insuficiente.

Assim, um melhor entendimento de nós mesmos nos aproximará de um melhor entendimento dos outros. Quando formos capazes de aceitar as maneiras muitas vezes imprevisíveis por meio das quais pensamos e agimos, poderemos começar a ver com maior clareza por que os outros agem como agem e pensam como pensam. Um velho ditado dos índios norte-americanos diz que só podemos compreender alguém depois de passarmos tempo suficiente usando os seus mocassins. A esse ditado eu acrescentaria que deveríamos ficar mais à vontade em nossos próprios mocassins antes de tentarmos calçar os dos outros.

A única justificativa para olharmos de cima uma pessoa
é que estamos prestes a ajudá-la a erguer-se.

JESSE JACKSON

Somos todos iguais em nosso potencial de amar e ser amado

Podemos não ser iguais em riqueza, poder, inteligência ou fama, mas todos nós temos a mesma capacidade para crescer no amor. Ouço pessoas dizendo que amar é mais fácil para o rico, o poderoso, o inteligente, o famoso, por terem mais tempo de se dedicar ao bem-estar. A gente comum, por outro lado, já se preocupa mais com a sobrevivência, dizem, bem mais do que com o romantismo de coisas supérfluas como o amor.

Na realidade, todo mundo sabe, no fundo, que o dinheiro, o poder, a fama e a inteligência pouco têm a ver com o sucesso no amor. O dinheiro pode comprar o sexo, até mesmo fugazes momentos de respeito, mas não o amor. O poder é capaz de motivar, intimidar, coagir, mas não assegura o amor. Os casos amorosos de pessoas famosas são muito bem explorados pela imprensa, embora a fama seja um trunfo de enorme atração. Até mesmo as pessoas mais inteligentes nem sempre se revelam sábias quando o assunto é amor.

De todos os sentimentos humanos, o amor é sem dúvida o mais democrático. O nosso sucesso é determinado sobretudo por quanto estamos dispostos a nos dedicar ao aprendizado do amor, por quanto somos persistentes ante os fracassos, por quanto ousamos na vida, pela flexibilidade de nossas atitudes, e por nosso pendor à transformação.

Cada um de nós será um dia julgado pelo estilo de viver... não pelo padrão de vida; mas pela generosidade... não pela riqueza; mas pela simples bondade... não pela grandeza aparente.

WILLIAM ARTHUR WARD

Amargura gera amargura

Ninguém procura o fruto amargo. Isso vale também para as pessoas amargas.

Há pouco tempo, recebi a carta de uma mulher que se queixava da solidão. Explicava que fora abandonada pelo marido. A família, relatava ela, só a visitava em raras ocasiões, e se mostrava sempre relutante. Prosseguia com uma série de queixas. E se amargurava com o avançar da idade, o declinar da saúde, com a indiferença do mundo e o descaso dos amigos. Mostrava rancor mesmo para com aquelas pessoas que pareciam querer ajudá-la. Justificava a própria amargura em todos os casos, sem perceber o papel de sua negatividade incessante, que só aumentava seu isolamento.

Quando lhe respondi à carta insinuando que talvez as atitudes negativas estivessem contribuindo para o problema (afinal, quem gostaria de fazer parte de tanta amargura?), ela tornou a me escrever dizendo que eu era ainda pior do que os outros, pois dava a entender que era uma pessoa amorosa mas, na realidade, não passava de um hipócrita.

A experiência nos mostra que recebemos da vida muito do que damos. Se oferecermos para o mundo um rosto amargurado, por qualquer motivo, pouco mais podemos esperar em troca. Se, no entanto, encararmos as adversidades com senso de humor e se nos ativermos a exprimir gratidão pelo que temos, é bem provável que encontremos pessoas nos respondendo com bondade.

Ele costumava sempre botar lenha na fogueira:
adorava ver o circo pegar fogo.

FRED ALLEN

O amor não é para
os que logo se sentem
derrotados ou para os
que se desiludem
facilmente.

Sobrevivendo às mágoas do amor

Se pretendemos amar, precisamos estar abertos à infelicidade tanto quanto às alegrias que o amor traz, pois ambas fazem parte da realidade de amar. Como o amor terreno é imperfeito, nunca seremos capazes de evitar o sofrimento, embora as pessoas que amam descubram maneiras de sobreviver aos ferimentos e às mágoas. Observo, com freqüência, que não há amante digno desse nome sem que esteja coberto de pequenas cicatrizes.

A maioria das pessoas sobrevive a esses traumas, mas há algumas que continuam a ostentá-los com orgulho, como se fossem ferimentos de guerra, enquanto prosseguem na sua batalha amorosa. Mantêm uma lista sagrada de erros que ardem na memória como advertência para que nunca mais aconteçam de novo.

O amor pode trazer o desapontamento e a devastação, mas são os mais sábios entre nós que com eles aprendem. Assim, tornam os triunfos do amor ainda mais doces. Nossa força emocional e nosso crescimento para a sabedoria desenvolvem-se ao longo da vida, e muitas vezes nascem das adversidades. É um preço pequeno a pagar por conhecimento tão valioso.

As adversidades não apenas aproximam as pessoas, mas também geram aquela bela amizade interior, assim como o frio do inverno forma figuras de gelo nas vidraças, que depois são desfeitas pelo calor do sol.

SÖREN KIERKEGAARD

Divulgando o amor

Grande parcela de nossa vida é invadida pelo ódio, a avareza, a violência e o egoísmo, e por isso somos tentados a esquecer do fato de que há pelo menos igual parcela de bondade no mundo. O problema é que aqueles que promovem a negatividade e o ódio parecem ser mais eloqüentes do que os promotores do amor e, sem dúvida, conseguem mais tempo na mídia.

Há anos tenho promovido um programa de televisão que celebra pessoas de bem praticando o bem. Os especialistas me disseram para esquecer o assunto, porque bondade não vende! As histórias positivas, como as pessoas positivas, carecem de apelo comercial. Portanto, estamos desenvolvendo toda uma geração que desvaloriza o amor mútuo e é atraída mais para uma visão negativa da vida, a que nos referimos como "mundo real".

Não causa espanto que tantas pessoas se vejam enfeitiçadas pelo ódio, pela violência e o egoísmo, tendo em vista a maneira através da qual nossa sociedade os glorifica. Parece-me que nunca houve época mais oportuna para, sem medo algum, divulgarmos a bondade e exibirmos o amor, a qualquer custo.

Sofremos ao ver tanta morte e tão pouca vida, tanto pesar e tão pouca alegria, tanta avareza e tão pouca generosidade, tanta solidão e tão pouco amor.

ANÔNIMO

Mais vale uma pitada de discernimento do que montanhas de conhecimento

Provérbio italiano

As crianças exigem a resolução imediata de sua frustração. Se não receberem atenção imediata, batem com os pés no chão, choram e usam todo um arsenal de atitudes para conseguir o seu intento. Ao ficarmos mais velhos, felizmente, mesmo que isso nos traga sofrimento, aprendemos que o mundo não foi criado só para nós. As outras pessoas necessitam e merecem nossa consideração. Aprendemos a ter tato, a sermos discretos e a ouvir aquela voz dentro de nós: "Fique quieto! Não é a hora, o lugar e nem há motivo para ser impulsivo." Aprendemos a esperar que a paixão se acalme e que prevaleça a cabeça fria.

Quando valorizamos de verdade o sentimento alheio, nos mostramos dispostos a adiar nossos desejos, a reprimir nossas exigências (ao menos temporariamente), sabendo que não há vitória se soltarmos a língua e perdermos nosso amor.

Tenho um amigo que se sente compelido a reagir à menor provocação. Em defesa dessa atitude, menciona algumas teorias recentes sobre a importância, do ponto de vista psicológico, de se manifestar o rancor e a frustração imediatamente, pois se assim não fizermos sofreremos um trauma físico e psicológico irreparável. Assim, o encontramos envolvido em longas discussões com a família, com os amigos ou com qualquer pessoa que cruze o seu caminho na hora errada. Está convencido de que assim promove a própria saúde, sem se importar com o que aconteça com a saúde (sobretudo a saúde mental) dos que o cercam. Apesar disso, não compreende por que se sente tão indesejado, solitário e carente de amor.

Ficar em silêncio, mesmo quando sabemos que estamos certos, proporciona mais coisas do que ganhar amigos e influenciar pessoas. Fomenta o sentimento de respeito e de amor e é a essência de que se fazem os relacionamentos duradouros.

Com palavras suaves e com bondade, você consegue arrastar um elefante com um fio de cabelo.

Provérbio Persa

Amando só quando convém

A suposta "Década do Eu" dos anos 1980 viu o amor mais como uma transação comercial, e as pessoas reduzidas a produtos. Esses indivíduos estavam mais preocupados com a gratificação do próprio eu do que com a satisfação mútua.

Por certo, nem todos se identificavam com essa postura, embora a maioria de nós conheça relacionamentos baseados nesses valores "egóicos", ou seja, de duas pessoas independentes, sem consideração mútua, em busca exclusivamente de seus objetivos pessoais.

Há muitos anos conheci uma mulher que parecia ter escolhido o marido num catálogo, de tão perfeito que ele era. Bonito, inteligente, trabalhador, dedicado e fiel — nada melhor, àquela ocasião, para impressionar as amigas e assegurar a gratificação do próprio ego. Poucos anos depois, disse-me que o "Sr. Perfeito" havia perdido o brilho, como um fascinante equipamento novo quando é repetidas vezes exibido. Sentia pouco remorso por descartá-lo e ir em busca de um novo amor. Via isso como uma obrigação pessoal. Logo tornou a se casar. Ele, por outro lado, ainda não se recuperou.

Quando usamos outras pessoas como meios para atingirmos nossos próprios fins, nós as reduzimos à condição de objetos. Não é de surpreender que os que assim foram usados permaneçam feridos e magoados durante anos, se não para sempre.

Esse comportamento representa uma distorção das regras básicas de decência. Nada tem a ver com amor.

O que em geral nos esgota e estraga nossa felicidade é que nos parece que logo estaremos exaustos e alcançaremos o fim do que quer que nos atraia.

PIERRE TEILHARD DE CHARDIN

A morte nos vem naturalmente, mas não a coragem de viver

Podemos fazer o que quisermos com nossa vida. Podemos aceitar o que vem com uma triste espécie de resignação, ou nos rebelar contra o que nos acontece com paixão humana. Podemos ver a vida como regozijo ou submissão, como causa de alegria ou de desânimo, de êxtase ou de vazio. Mas a escolha é nossa!

Minha mãe teve a visão mais positiva da vida que já conheci. Quando as coisas não iam bem, ela imediatamente tentava colocar tudo em perspectiva. Em vez de remoer e maldizer o destino, convidava os amigos para comer um macarrão. (O macarrão curava todos os males!) Em outras ocasiões, planejava um passeio, em geral no mar, para ela uma maravilha muito curativa. Dessa forma, lembra-se (e a nós) dos prazeres da vida, sem se concentrar nas dádivas sombrias. Viveu até os 82 anos de idade e nunca perdeu essa qualidade. Convenceu-nos a todos de que era sempre melhor optar pela vida, sobretudo, conforme afirma Woody Allen, quando se considera a alternativa.

Alegre-se com a vida, pois é ela que nos dá a oportunidade de amar, de trabalhar, de brincar e de olhar para as estrelas.

Henry Van Dyke

A afeição e o amor

A sociedade norte-americana é uma das poucas em que o contato físico, mesmo entre a família e os amigos, não é estimulado ou comemorado. Já nas famílias italianas, não abraçar ou não beijar é considerado um comportamento punitivo.

A ciência mostrou que um simples abraço é um dos recursos terapêuticos mais convenientes e baratos que existem. Entretanto, carecemos de contato físico. Numa pesquisa que fiz para meu livro *Amando uns aos outros*, as pessoas pesquisadas mencionaram três qualidades que consideravam essencial para um relacionamento duradouro e feliz. Foi surpreendente descobrir que a afeição (tocar, abraçar, afagar) era para a maioria mais importante do que a comunicação, que ficou em segundo lugar. O sexo, por outro lado, que distinguiram da afeição, ficou relegado ao oitavo lugar.

A afeição, o contato físico não-sexual, é um recurso extraordinário para o bem-estar físico e emocional, e essencial para o crescimento no amor. Nada custa, não se precisa de equipamento especial e está sempre à nossa disposição. Para amar, precisamos fazer com que as pessoas saibam que nos importamos com elas. A melhor maneira é literalmente alcançá-las e mostrar-lhes o que sentimos, o mais freqüentemente possível.

A diferença está em confirmar nos dedos o amor.
Sem a sopinha da mamãe, sem Madre Teresa, sem o contato afetuoso com o vizinho na igreja, ou sem a compaixão do afago no hospital, poderíamos muito bem viver como animais.

EVERETT TETLEY

A inflexibilidade e o amor

É maravilhoso o aprendizado. Por causa dele, a maior parte de nós se torna mais livre e mais feliz. Mas ele não só nos liberta; também nos escraviza. E é no começo da vida que adquirimos nosso sistema de convicções, crenças e valores. E essa propensão ideativa pode eliminar novas percepções e perpetuar estereótipos inúteis. Uma das mais extraordinárias recompensas do amor está em que a pessoa que amamos pode nos ajudar a ver as coisas numa nova perspectiva, ao desafiar nossas convicções e atitudes. O amor nos convida a ampliar as perspectivas, ao nos permitir que vejamos o mundo pelos olhos de outra pessoa. E não o compreendemos quando vemos esse desafio como uma ameaça à nossa integridade e não como fonte de estímulos para nosso crescimento.

Só o amor é capaz de unir os seres vivos de forma a completá-los e a gratificá-los, pois só ele os conduz e os une pela sua essência mais profunda.

PIERRE TEILHARD DE CHARDIN

O amor se conquista

Quanto mais tentamos exigir o amor, mais ele nos escapa. Nenhuma defesa, nenhuma promessa, nenhuma barganha, nenhum elogio, nenhuma ameaça, nada garante o amor. O amor verdadeiro só se recebe quando se conquista.

O amor fenece na coação; sua essência autêntica é a liberdade;
ele não é compatível com a obediência, nem com o ciúme,
tampouco com o medo: é mais puro, perfeito e ilimitado
quando seus devotos vivem com confiança, igualdade e discrição.

PERCY BYSSHE SHELLEY

Olhando para o amor

Todos nós podemos ter uma visão perfeita, mas poucos de nós se dão ao trabalho de usá-la.

Recebi a carta de uma mulher que dizia o seguinte: "Não acho que meu marido tenha olhado para mim nos últimos quinze anos. Dificilmente ficamos longe um do outro. Mesmo assim, acho que poderia entrar numa sala completamente nua, montada num cavalo branco, com meus cabelos em chamas e ele continuaria a ver tevê ou a ler o jornal. Não é que ele não me ame, apenas que me tornei a mulher invisível."

Em minhas aulas sobre o Amor, costumava perguntar aos alunos: "Vocês viveram com sua mãe durante vinte anos. Qual a cor dos olhos dela?" Para meu espanto, poucos respondiam à pergunta com algum grau de certeza.

Deixamos de enxergar nossos filhos quando crescem. As pessoas que amamos morrem; e, algumas semanas depois, temos sérias dificuldades em descrevê-las.

Lembro-me de falar perante um grande grupo de cegos ou de pessoas com deficiência parcial da visão. Depois de meu discurso, uma das presentes veio me perguntar se poderia "me ler em Braille". Com os dedos, em movimentos delicados e carinhosos, tateou meu rosto, pois não poderia fazer o mesmo com os olhos. Ao terminar, sorriu, deliciada, e disse: "Que bonito."

Grande parte de nossa comunicação não é verbal. Quando as palavras iludem e a vista nos falha, é bom lembrar que percebemos o amor plenamente com *todos* os sentidos.

O pior cego é aquele que não quer ver.

ANÔNIMO

O ego como barreira ao amor

Quase sempre nos consideramos pessoas amorosas, mas poucos de nós conseguem sair de si mesmos por tempo suficiente para descobrir o que isso verdadeiramente significa. "Amar" significa deslocar o foco que lançamos sobre nós mesmos para os outros e estabelecer como meta principal ajudá-los a concretizar suas potencialidades, dadas por Deus. Em seu sucesso encontramos orgulho; em seu crescimento encontramos satisfação; em seu maior conhecimento nos tornamos mais sábios, ao sermos capazes de compartilhá-lo. Ao renunciarmos ao próprio ego, de vez em quando, nos aproximamos mais e mais dos outros e da compreensão do amor.

Uma coisa boa sobre os egoístas: eles não falam sobre outras pessoas.

LUCILLE S. HARPER

O único trauma
duradouro é o
que sofremos
passivamente, sem
uma transformação
positiva.

É impossível resolvermos nossos problemas e continuarmos sendo a mesma pessoa que os gerou

Nenhuma pessoa, nenhum relacionamento, estão livres de problemas. Quando esses ocorrem, convém lembrar que nós, nós mesmos, somos responsáveis por eles, ao menos em parte. Podemos inclusive ter sido a sua origem. Quando persistimos em enfocar nossos conflitos sempre da mesma maneira, nos afastamos mais e mais das possibilidades de uma solução permanente. Simplesmente caminhamos com dificuldade pelas nossas rotinas, que não levam a lugar algum, que nada resolvem.

Para superar conflitos, o ideal é que tenhamos novas perspectivas, novos *insights*, que desenvolvamos novas habilidades. Quando olhamos para os obstáculos como oportunidades para nos superarmos, não só descobrimos as soluções, mas também aumentamos de forma extraordinária nossa capacidade geral de resolver problemas.

A segunda melhor maneira de resolver um problema está em descobrir algum humor nele.

FRANK A. CLARK

A compulsão para mudar quem amamos

Como encontramos falhas em quem amamos. E pensamos: se fulano ou fulana pudesse ser mais assim, ou menos assim, ou se não fosse tão desse jeito ou daquele, então nosso amor seria gratificado. Isso é verdadeiro quando parte do problema decorre de nossas próprias extravagâncias, de nossos próprios caprichos, de nosso próprio estado de ânimo, ou, simplesmente, de nossa própria estupidez.

Uma das cartas preferidas que já recebi foi a de uma mulher que estava determinada a mudar o marido (mesmo antes de ele se tornar seu marido). Depois de anos censurando-o, ameaçando-o, moldando-o e ajustando-o, ela finalmente conseguiu. Enfim ele era tudo o que ela desejava que fosse. Só que agora tinha um novo problema. Ela se queixava que ele não era mais o mesmo homem com quem se casara.

As pessoas têm uma coisa em comum: são todas diferentes.

ROBERT ZEND

Tempo de alegria

É estranho como nos mostramos determinados a manter um registro do que acontece de ruim na vida, esquecendo facilmente o que nos acontece de bom.

Em minhas aulas sobre o Amor, me empenhei em fazer com que cada aluno partilhasse uma vivência de sério desespero e uma de intensa alegria. Para mim, foi desconcertante ver com que facilidade as pessoas relatavam o seu desespero (às vezes em detalhes) e com que dificuldade se lembravam de momentos de alegria. Mas talvez não seja tão surpreendente assim se nos lembrarmos de que nossa vida é bombardeada por notícias de devastação e desesperança. A história que estudamos na escola é quase uma crônica de guerras, opressão, fome e catástrofes. Na história, há poucos registros da felicidade e da paz.

Minha mãe costumava nos estimular a reunir todas as lembranças de felicidade possíveis. Assegurava-nos de que nos ajudariam nos períodos em que não estivéssemos muito bem. E praticava o que pregava. Quando sobrevinham os tempos difíceis, lembrava-nos de que, mais adiante, viriam dias mais felizes. Ela também tinha um talento maravilhoso para transformar experiências dolorosas em vivências positivas. De repente, me lembro de uma dessas ocasiões: meu pai nos informou, ao chegar em casa à noite, que o seu sócio fugira com o capital da firma, deixando-o na bancarrota e com grandes dívidas. Naturalmente, a família inteira ficou muito aflita com a notícia. Como pagaríamos as contas? Como faríamos a próxima refeição? Na noite seguinte minha mãe respondeu a essa última pergunta. Ela preparou o mais lauto banquete que já tivéramos em meses. Meu pai ficou furioso. "Você ficou maluca?", questionou-lhe, irritado. "Não", respondeu minha mãe, "só achei que seria uma ocasião perfeita para comemorar. É nesse momento que precisamos estar mais felizes! Sobreviveremos." E sobrevivemos. Além de uma lição de vida, mamãe também nos brindou com uma linda lembrança, que nos tem sido muito útil ao longo desses anos. Ninguém em nossa família jamais esquecerá daquele jantar.

Faça um registro das ocasiões em que você triunfou sobre as desgraças. Elas tranqüilizarão você de que pode fazer tudo novamente. Lembre-se de seus momentos de alegria e felicidade. Servirão como um reservatório de energia quando você mais precisar.

Saiba que há sempre causas para a comemoração nos dias mais felizes; mas talvez mais importante ainda, também se lembre dessas ocasiões nos períodos mais difíceis.

Aprende a rir dos teus problemas e nunca te faltará motivo para rir.

LYN KAROL

Dedicar atenção: uma mensagem de amor

Uma aluna, em minhas aulas sobre o Amor, certa vez me disse que havia ocasiões em que sentia que o mundo inteiro era surdo ao som de sua voz. "Não obtenho resposta. Falo e acabo percebendo que estou falando sozinha. Estou ficando louca?"

Assegurei-lhe que não. Disse-lhe também que não era a única a sentir-se daquele jeito. A maioria de nós já experimentou o vazio de estar fora de sintonia com o mundo. Ouvir é um ato de amor. Ou, num plano mais elementar, um simples gesto de consideração.

Toda a comunicação requer dois elementos fundamentais: a voz que fala e o ouvido que escuta. Parece muito simples, mas não é. Somos, na maior parte das vezes, ouvintes muito seletivos, sintonizamos e dessintonizamos de acordo com nossos interesses. Com todos os ruídos estranhos e com toda a estática inútil que nos bombardeia diariamente, a habilidade de ouvir pode ser uma bênção. Mas coisa bem distinta, entretanto, é quando ficamos fora de sintonia com as pessoas que dizemos amar.

No decorrer dos anos, à medida que a atenção diminui gradualmente, ficamos expostos a mais distrações, que obscurecem as vozes, o ouvido surdo muitas vezes volta as costas para as pessoas que mais precisam ser ouvidas. E então, como tantas vezes acontece, quando percebemos o que fizemos e tentamos corrigir, é tarde demais.

Temos dois ouvidos e uma só língua para que possamos ouvir mais e falar menos.

DIÓGENES

Quando o amor precisa de ajuda

Todos nós fomos educados sob o mito do amor romântico em que, nas páginas finais, se sugere que todas as adversidades, todos os conflitos e as ansiedades cessam quando duas pessoas que se amam se unem em afetuoso abraço e nele permanecem enlaçadas, felizes para sempre. Duas pessoas agora se tornaram uma só, inseparáveis e perfeitas para toda a eternidade.

Esse é o fundamento do "felizes para sempre", uma síndrome que nos faz aplaudir o êxtase da paixão e do romance e, ao mesmo tempo, nos faz negligenciar o lado prático, paciente e mais pacífico do amor. E passam-se os anos e começamos a olhar para trás e ver os seres maravilhosos que fomos, e a infligir expectativas impossíveis de alguma perfeição nebulosa de um e de outro.

Assim como a vida passa por muitas mudanças, também por mudanças passa o amor. Quanto mais esperamos, aceitamos e acolhemos essas mudanças com prazer, tanto mais confiante é o nosso amor.

As pessoas que importam são as mais cientes de que todos importam, também.

MALCOLM S. FORBES

A confiança

A confiança é uma das qualidades fundamentais do amor. Precisamos saber que estamos em segurança, que outros desejam o nosso bem-estar, e que querem nos ver crescer. Ansiamos por saber que as pessoas ali estão e são para nós, e por nós. Até recebermos essa mensagem dos outros, ficamos menos abertos a sua influência e nos mostramos, sucessivamente, menos preocupados com o seu bem-estar.

Estamos sempre a colocar à prova as pessoas para saber se, de fato, elas nos amam ou não. Observamos se têm consideração para conosco, se se entregam espontaneamente ou se se retraem, se nos ouvem com o coração e com o pensamento, se partilham de nossa felicidade ou se se vêem ameaçadas por ela, se estão dispostas a ficar ao nosso lado quando delas necessitamos ou se nos abandonam ao menor sinal de conflito. Uma vez certos de seu amor, nada se torna impossível. Somos estimulados a crescer e a arriscar além das nossas limitações imaginadas. Encontramos forças para superar o medo e romper com hábitos autodestrutivos. Encontramos meios de desistir do rancor, de exprimir sentimentos reprimidos ou mesmo de pedir desculpas, dolorosamente. Todos esses pequenos milagres se tornam possíveis quando estamos seguros do amor e nele confiamos.

Quando mais nada se tem e só resta o amor, então,
pela primeira vez, percebe-se que o amor é tudo.

ANÔNIMO

O exercício diário
de muitas pessoas
é saltar para as
conclusões negativas.

O amor não é um assunto particular

Embora cada um de nós possa não passar de uma só pessoa entre milhões, todos temos forças poderosas para o bem e para o mal. Tudo nesta terra tem o seu propósito, a sua razão de ser e a sua conseqüência. Como pedras jogadas na água, nossos atos se propagam em círculos crescentes, a tudo englobando em sua trajetória.

Talvez seja difícil entender o conceito de que todas as coisas estão entrelaçadas e de que, assim, tudo o que acontece diz respeito a todos nós e de uma forma muito real. Portanto, conclui-se que qualquer que seja o bem ou o mal que façamos, não se tem aí um assunto particular. É importante para todos nós.

Enquanto houver dor, sofrimento, solidão e fome neste mundo, a responsabilidade será nossa. Não há um lugar para um amor exclusivo, provinciano, quando os efeitos de nosso desvelo, de nossa generosidade e de nosso carinho têm o poder de mudar a vida das pessoas que amamos. Mediante esses atos ou essas atitudes, também mudamos o mundo.

Se você pensa que já deu o bastante, pense outra vez.
Há sempre mais para dar e alguém a quem dar.

NORMAN VINCENT PEALE

Vencendo o medo

Ninguém está imune ao medo. Mas como ocorre com todas as emoções, precisa ser controlado por vozes oponentes que nos instam a aproveitar as oportunidades, a nos aventurarmos mais, a nos arriscarmos.

Da primeira vez em que nos arriscamos a cambalear numa bicicleta, passamos a nos dar conta da possibilidade de sofrermos dor física. E isso serviu para nos deixar com uma postura de experimentar mais, pois apreciávamos o risco envolvido. Mas a alegria de aprender a andar de bicicleta era mais forte do que o medo do perigo, e assim tentamos e tentamos, até que o medo foi superado pela alegria. Gestos simples de amor — sorrir para alguém, iniciar uma conversa, fazer um elogio, exprimir uma emoção sincera — são coisas que tememos só porque não as praticamos com freqüência. Se assim agirmos e machucarmos um pouco a nós mesmos no processo, na realidade não é muito diferente do joelho esfolado quando aprendíamos a andar de bicicleta e que logo cicatrizou e foi esquecido. O amor requer que superemos o medo irracional, que traz em si a derrota, e que inevitavelmente nos distancia dos outros.

Nessa terra, seja longe ou perto, sem amor, só o medo é certo.

PEARL S. BUCK

Lutar mais para ser amado do que para amar

Esperamos ser amados, e estamos prontos a condenar os que não aquiescem à nossa expectativa. Acreditamos que a vida venha com um selo de garantia de que seremos amados. Raramente nos ocorre que o grau em que somos amados seja diretamente proporcional à nossa amorosidade.

Estamos todos familiarizados com pessoas que estão constantemente mal-humoradas, que olham para o lado sombrio de tudo, que temem os compromissos, que se esquivam das responsabilidades, que explodem à menor provocação e então se perguntam depois por que ninguém as procura, por que não são amadas. Quem amaria alguém assim senão uma pessoa que estivesse atrás da infelicidade?

Só quando pedimos *menos* amor e começamos a dar *mais* amor é que as raízes do amor humano nos são reveladas.

O que pode pagar o amor, senão o amor?

Mary De La Rivière Manley

Em busca de um amor que não existe

Todos temos visões do amor perfeito. Alguns sentem que, no mínimo, é o que merecemos. Fantasiamos relacionamentos sem conflitos, transbordantes de calor humano e compreensão, de aceitação e ternura. Passamos boa parte do tempo medindo o que temos pelos sonhos que julgamos ser merecedores, lamentando o que ainda falta.

Tenho um amigo que estava tão obcecado em descobrir a amante perfeita que largou mulher e filho para ir em sua busca. Via nessa atitude o seu direito à felicidade. Desde que tomou a decisão, gaba-se de ter cortejado pelo menos dezessete mulheres, mas ainda não encontrou o ideal que está procurando. Quando perguntado sobre o que busca tão desesperadamente num relacionamento, responde que busca o amor verdadeiro. Naturalmente, não tem a menor idéia do que isso significa. Parece-me que não ficará satisfeito enquanto não se casar consigo mesmo.

Talvez nos sentíssemos menos frustrados se pudéssemos aceitar o fato de que nesta terra não há amor perfeito, só amor humano. Então poderíamos empreender nossas energias em apreciar e intensificar o amor que temos.

Amar só se aprende amando!

IRIS MURDOCH

A possessividade sempre destrói o que tenta proteger

O controle absoluto sobre outro ser humano nem sempre é possível e tampouco desejável. Sempre é destrutivo. Um dos grandes mitos sobre o amor verdadeiro é o de que este significaria o enlace eterno de duas vidas, por uma mesma trilha, com os mesmos objetivos e interesses e o de que todo e qualquer momento em que estivessem afastadas uma da outra pareceria uma eternidade. Mesmo que isso fosse possível, me parece extremamente tedioso.

Pois bem: é natural que queiramos partilhar um do outro na intimidade, que queiramos nos sentir protegidos e próximos. Isso só se torna um problema quando passamos a exigir exclusividade o tempo inteiro. Os que concentram o amor numa só pessoa têm problema em dispensar atenção e cuidado a outras pessoas em geral.

Deveria ser um alívio e não uma ameaça constatar que quem amamos tem a capacidade de amar outras pessoas além do ser amado. Podemos nos sentir gratos por terem outros interesses além de nós, por serem auto-suficientes e terem confiança em si mesmos.

Somos realmente capazes de amar muitas pessoas ao mesmo tempo sem diluir o que temos para dar. Na verdade, quanto maior o número de experiências amorosas tivermos, tanto mais vivências trazemos conosco quando nos centramos num relacionamento íntimo e profundo. A qualidade do amor não se deteriora quando partilhado; pelo contrário, se intensifica e se aperfeiçoa com a experiência.

E fiquem juntos, mas não tão juntos. Pois os pilares do templo
ficam bastante afastados, e o carvalho e o cipreste
não crescem um na sombra do outro.

KAHLIL GIBRAN

Alternativas viáveis no amor

Quase sempre que nos defrontamos com um problema, buscamos a solução perfeita. Com isso, só criamos um projeto para a frustração, que na maioria das vezes nos leva para a distração e não para a ação.

Todo problema tem tantas soluções quanto o número de pessoas criativas que o enfrentam. Digamos, por exemplo, que John garantiu a Mary que lhe telefonaria exatamente às três horas. Às duas, o coração de Mary já está pronto para receber o telefonema. Às três, está completamente ansiosa. Às três e meia, sente-se frustrada. Às quatro, zangada. Às cinco está furiosa e às lágrimas. Às seis, está preparada para cometer assassinato ou suicídio. A angústia consome-lhe todos os pensamentos e sua imaginação corre solta, descontrolada.

Longe de seus pensamentos, entretanto, estão as várias alternativas para enfrentar a situação. Ela poderia telefonar para John. Melhor ainda, poderia ligar para Pete. Poderia ligar para uma amiga e ir ao cinema. Poderia preparar uma *pizza* e convidar os amigos para comê-la. Poderia escrever um poema ou uma carta exprimindo sua frustração. Poderia distribuir flores pelos vizinhos. Visitar um amigo no hospital. Minha idéia é simples: nossos problemas sempre têm mais do que uma solução.

Muitas e muitas vezes vi pessoas desconcertadas e derrotadas por problemas aos quais não estão dispostas a encarar de uma perspectiva diferente. O que está em jogo é nada menos do que ter a dignidade pessoal e a liberdade necessárias para dirigirmos nossas próprias vidas. Felizmente, a escolha é nossa. A pessoa sadia é a que dispõe das alternativas mais viáveis para qualquer conflito que se apresente.

Não é que não consigam ver a solução. Acontece que não conseguem ver o problema.

G.K. CHESTERTON

Ao renunciarmos à dignidade, renunciamos também ao direito de reclamá-la

É sempre mais fácil culpar os outros por qualquer sofrimento ou frustração que tenhamos. É dificílimo aceitarmos a responsabilidade por nossa própria infelicidade. Ao examinarmos nosso comportamento com cuidado e sinceridade, poderíamos constatar que mediante nossas próprias indiferença, fraqueza ou ignorância, tenhamos cometido o erro imperdoável: delegamos o controle de nós mesmos a outra pessoa. Renunciamos ao componente mais vital do amor. Causa alguma surpresa, então, que nos sintamos vazios e mortos? Massacrados e acovardados, nos tornamos um nada. E, pior de tudo, permitimos que isso acontecesse!

Nossa felicidade se baseia, em grande parte, em nosso senso de dignidade. Sem amor-próprio, sem algum senso de valor próprio (um direito inato), nos vemos diminuídos em nossa capacidade de dar e de receber qualquer coisa, muito menos essa dádiva tão valiosa que é o amor.

O homem é aquilo em que acredita.

ANTON CHEKHOV

A vida vivida para o amanhã não passa de um dia perdido, longe de ser realizado.

Os elogios: pequenos gestos de amor

Mark Twain disse certa vez que ganhava energia por dois meses ao receber um bom elogio. O elogio mais afetuoso que já ouvi foi feito por Joseph Choate, ex-embaixador norte-americano na Grã-Bretanha. Ao lhe perguntarem quem ele gostaria de ser se retornasse à terra depois de morrer, respondeu sem hesitar: "O segundo marido da Sra. Choate."

Quase todo mundo anseia por ser admirado, por receber o elogio supremo — de que somos amados. Necessitamos que as outras pessoas reconheçam nossa força ou às vezes nos amparem quando nos encurvamos um pouco. Os elogios sinceros são simples e nada custam a quem os faz, mas devemos não subestimar seu valor.

O aplauso de um único ser humano tem grande importância.

SAMUEL JOHNSON

Nunca se é velho demais para amar

O envelhecimento quase nunca é antecipado com prazer depois que saímos da adolescência. Talvez nossas próprias atitudes ante ele nos deixem apreensivos. A meu ver, tememos menos a idade ou a morte do que a perspectiva de solidão e de falta de afeto. O que tememos é o dia em que os seres amados deixarem de planejar a vida conosco e começarem a planejá-la para nós. A calvície que aumenta, a pele que enruga, o passo que fica mais vagaroso não são os verdadeiros motivos por que muitos de nós temem a velhice. O que mais nos assusta, sejamos sinceros, é a possibilidade de perder o amor.

Não há por que fazer da velhice uma almofada de reminiscências do amor antigo sobre a qual repousaremos no arrebol do entardecer de uma vida plena. Continuamos a ser pessoas amorosas com as mesmas necessidades de sempre, apesar de nossa aparência talvez sugerir outra coisa. Necessitaremos amar e ser amados até a morte.

Se o indivíduo puder admirar e amar, então ele será jovem para sempre.

PABLO CASALS

Progredindo

Se um truísmo válido é usado em excesso, pode ser facilmente descartado como um lugar-comum, uma trivialidade. Assim acontece com o sábio conselho cristão: "Tudo o que quereis que os homens vos façam, fazei-o vós a eles." Se já nos enfastiamos desse conselho, poderíamos chamá-lo simplesmente de consideração, altruísmo, empatia ou de amor. Não importa de que modo a idéia seja apresentada, ainda é o fundamento de toda a conduta positiva nas interações humanas. Quando tratamos os outros do jeito que gostaríamos de ser tratados, estamos ao menos criando o fundamento para vivermos juntos em paz. A partir desse princípio tão sólido, talvez concordemos em cooperar, nos adaptar, fazer concessões mútuas e partilhar. Tornamo-nos mais dispostos a renunciar a nossas necessidades mesquinhas em prol de um bem maior, deixando de lado a gratificação imediata, tendo em vista metas a longo prazo.

Perguntamo-nos por que há tanta desavença, desilusão e medo no mundo, mas deixamos de examinar nossas próprias atitudes como parte da resposta. Em vez de darmos primazia à pergunta "O que o mundo tem para me oferecer?", poderíamos nos voltar para uma pergunta mais essencial: "O que tenho a oferecer para os outros?"

Se conseguirmos ter em mente que todos os indivíduos que encontramos lutam suas próprias batalhas em busca do amor e da sobrevivência, e que merecem toda a bondade que temos para dar, estaremos fazendo a nossa parte, por menor que seja, para aplacar uma parcela do sofrimento do mundo.

Duas coisas ocupam meu pensamento com admiração e espanto sempre renovados e crescentes: o céu estrelado sobre mim e a lei moral dentro de mim.

IMMANUEL KANT

Recebemos o que damos e encontramos o que esperamos

É lamentável, muito embora verdadeiro, que vivamos num mundo tão cheio de cinismo e ceticismo. O grupo dos céticos e dos cínicos é vigilante, por demais ansioso por expor a insinceridade e a desonestidade que, estão certos, são comuns a todas as pessoas. Estão convencidos de que os gestos de bondade e de amor são quase sempre decorrentes de motivos dissimulados.

Muitos de nós, infelizmente, desenvolvem um duro escudo protetor do qual se vêem prisioneiros. Se alguém nos oferece uma rosa e logo nos pede uma esmola, naturalmente formamos uma mentalidade de defesa contra futuros episódios semelhantes. A partir de então, toda flor que nos seja oferecida será motivo de suspeita.

As pessoas que se amam e que, confiantes, se vulnerabilizam num relacionamento, podem, repentinamente, descobrir que foram iludidas. Depois de recolher os cacos, frutos da desilusão, é compreensível que se mostrem céticas quando o amor lhes acena novamente. Adquirem um "cinismo são" — tornam-se menos abertas, menos confiantes, menos vulneráveis; em suma, menos capazes de manter um relacionamento sadio no futuro.

É bem mais fácil, me parece, nos tornarmos céticos do que compreendermos as frustrações e irmos além delas, reerguendo-nos após as mágoas e desilusões. Teremos de estar dispostos a confiar de novo e esperar mais do que já recebemos. Os verdadeiros céticos — os que acreditam que conseguem ver através das pessoas — na realidade sucumbiram a uma espécie diversa de cegueira. Se quisermos amor, é melhor buscarmos o bem nas pessoas, mesmo que com essa atitude demonstremos um otimismo absurdo.

Não há qualquer fórmula ou método: amar se aprende amando.

ALDOUS HUXLEY

O paradoxo de magoar a quem amamos

Esse é o paradoxo do amor: muitas vezes magoamos as pessoas que mais amamos. Corrigimos suas falhas, questionamos suas decisões, desafiamos suas premissas. Às vezes estabelecemos padrões mais altos para elas do que para nós mesmos. Não há nada de errado em querermos que quem amamos seja o melhor dos seres humanos, porém jamais conseguiremos isso com uma torrente ininterrupta de críticas negativas.

Há alguns anos, fizemos a análise em vídeo de uma professora em sua interação com os alunos em classe. Ao estudarmos os resultados, descobrimos que, para seu próprio espanto, embora ela se importasse muito com os alunos, sua conduta perante eles era quase totalmente negativa — listas de "não farás isso, não farás aquilo" por todos os lados, os deveres retornavam aos alunos com anotações em caneta vermelha ressaltando as respostas erradas, e seus comentários em aula quase sempre serviam para salientar as falhas das crianças.

A crítica é uma arte sutil e complexa que não deve ser proferida ou recebida levianamente. Pode ser construtiva, mas pode também destruir. Da próxima vez que nos sentirmos tentados a dizer "O problema com você é que...", procuremos reconsiderar e perguntar a nós mesmos por que estamos procedendo assim! Há uma razão positiva e sincera para fazer o comentário, ou será que não seria melhor ficarmos em silêncio? O que vamos lucrar com a crítica, a não ser diminuir um ser humano ou perder o nosso amor?

O amor mais acende o fogo do que o ódio o extingue.

ELLA WHEELER WILCOX

Amor e entusiasmo

Os adultos invejam as crianças. Por natureza, são bastante curiosas e entusiasmam-se com tudo. A maioria de nós lembra do que sentíamos quando crianças. Como esquecer o tempo em que chegávamos a ficar uma hora estirados de bruços na relva, absortos no movimento das formigas em marcha para o formigueiro, ou então estirados de costas, atentos ao espetáculo das nuvens a desenharem curiosas figuras no céu. Não tínhamos de nos preocupar com coisas que nos divertissem, inúmeras eram as coisas a incitar nossa curiosidade e nosso entusiasmo.

Mas, à medida que envelhecemos, muitas vezes deixamos de nos impressionar com a vida. Parece que encontramos mais e mais adultos aborrecidos, a bocejar pela vida, aparentemente sem nada por que se interessar.

Fico feliz em informar que não é necessário retornar à infância para que se reacenda o entusiasmo pela vida. Tudo de que precisamos é recuperar aquela pequena parte de nós mesmos que encontra alegria no lugar-comum e nas aventuras de cada momento. Talvez ela se ache enterrada sob uma espessa crosta de melancolia e desânimo. Mas sem dúvida ainda está muito viva dentro de todos nós.

Estou envolvido com a vida, apaixonadamente. Adoro suas transformações, suas cores, seus movimentos. Ser capaz de falar, de ver, de ouvir, de caminhar, de admirar a música e a pintura... é tudo um milagre.

ARTHUR RUBINSTEIN

É pelo caminho da ignorância que nos vem o conhecimento. Assim, devemos nos sentir estimulados com o que não sabemos.

As humilhações

Pouca coisa é mais destrutiva e aviltante do que as humilhações casuais. Estamos tão acostumados a lidar com elas que muitas vezes deixamos de perceber o quão devastadoras podem ser com o decorrer do tempo.

O amor nos faz crescer, não nos diminui, nem degrada. O amor constrói a auto-estima, não a diminui. É surpreendente que existam tantas pessoas que parecem amar, mas que continuam a subestimar e a humilhar os outros. Nunca me esqueci da mulher que disse ao marido, que sempre que podia a usava como objeto de seu humor degradante: "Se sou assim tão ruim e inútil, por que você se casou comigo?" Boa pergunta.

As humilhações que visam a mudar o comportamento de alguém costumam, na verdade, agravá-lo. Há muitas formas positivas de se influenciar um comportamento. Por que recorrer a uma forma que magoa e que tem até mesmo o poder de destruir?

O desatencioso raramente é silencioso.

HOWARD W. NEWTON

O amor não tem idade

O amor nada tem a ver com a idade. As pessoas não envelhecem apenas por viver um certo número de anos. O envelhecimento é uma postura espiritual, uma atitude. Envelhecemos quando renunciamos ao senso de humor, às alegrias. Quando renunciamos aos ideais, à dignidade, à esperança e à convicção nos milagres. Quando deixamos de nos divertir no jogo da vida, quando não mais nos emocionamos com as novidades e deixamos de ser desafiados pelo sonho. Enquanto comemorarmos a riqueza do mundo, ouvirmos o riso na voz do amor e continuarmos a acreditar em nós mesmos, a idade será menos importante.

O amor é a tão ansiada Fonte da Juventude. Enquanto amarmos, seremos jovens. A morte torna-se apenas o estágio final no desenvolvimento da vida. É sempre bom lembrar que somos convidados passageiros na terra. Menos de um século é pouco tempo para viver, mas é suficiente para aprendermos que o amor é a essência, tudo o que interessa.

Que você viva todos os dias de sua vida.

JONATHAN SWIFT

A necessidade semeia o sucesso

Há um antigo adágio que diz que, se desejarmos alguma coisa com muita intensidade, estará em nossas mãos — querer é poder. Se estiver se sentindo solitário, há certas atitudes que podem abrandar essa sensação. Se você vivenciar algum conflito no amor, se quiser, poderá resolvê-lo. Temos a capacidade de nos aperfeiçoar, mas é preciso querer. A necessidade vem sempre acompanhada de uma solução. Mas a solução não se concretiza por si mesma; ela surge de um profundo desejo: o de *fazer*.

Recebo cartas de pessoas apaixonadas, cheias de angústia e desespero diante de sua incapacidade de construir e de manter um relacionamento duradouro. Nesse seu desespero, buscam soluções em mim, em conselheiros sentimentais, em psicoterapeutas, em padres e em pastores, mas nada fazem. Justificam-se dizendo que são incapazes de tomar qualquer decisão. Alegam não saber para onde se virar, que dão murro em ponta de faca, sem orientação, num beco sem saída, sem alento, sem esperança — são muitas as maneiras pelas quais exprimem sua impotência. Na realidade, simplesmente carecem da determinação essencial para superar sua perplexidade. Embora saibam da necessidade de fazer alguma coisa, não se dispõem a realizar as transformações, as concessões e até mesmo os sacrifícios necessários para que atinjam seu objetivo.

O amor sempre está em nossas mãos. A questão é: estaremos dispostos a nos empenhar na busca espiritual e na árdua tarefa tão necessárias para conquistá-lo? Ou estaremos apenas brincando com nós mesmos?

Você pode ter tudo o que quiser... basta querer com o coração.
Você pode ser tudo o que quiser ser, ter tudo o que desejar, conquistar tudo aquilo que quiser conquistar... desde que se atenha ao desejo com sinceridade de propósito.

ROBERT COLLIER

O amor dispensa rótulos

Emerson, falando de uma erva simples, chamou-a de "planta cujas virtudes ainda não foram descobertas". Fico a imaginar quantas pessoas já não descartamos como ervas porque, por alguma razão inaceitável ou por outra, nos pareceram indignas de nosso amor e atenção? As pessoas com quem nos envolvemos, que escolhemos para ficar junto de nós, representam escolhas pessoais. E assim é que deve ser. Entretanto, parece-me que nosso mundo seria bem mais interessante e menos restritivo se olhássemos com mais crítica para os rótulos e desculpas que empregamos para nos afastar de outras pessoas. Se assim agíssemos, é bem provável que viéssemos a descobrir que essas classificações convenientes se baseiam em informações desatualizadas, que se repetem sem parar em nosso pensamento.

Em nosso empenho para enquadrarmos as pessoas em categorias convenientes, acabamos por minimizar-lhes o valor ou por excluí-las sem qualquer consideração. Usamos a idade, o sexo, a posição social, sua situação financeira, a cor, a religião, a nacionalidade... qualquer elemento que nos distancie dos que nos são diferentes. Essa atitude, por certo, nos poupa o trabalho de pensar de modo independente, e de avaliar cada indivíduo como pessoa distinta, singular e digna. É bem provável que a maioria das pessoas que encontramos seja merecedora de mais consideração do que lhe demonstramos. Quem sabe? Talvez nos surpreendamos ao descobrir que não são ervas daninhas, afinal. Talvez sejam flores que deixamos há muito tempo de admirar.

O pensamento do fanático, do intolerante, é como a pupila do olho; quanto mais luz derramamos sobre ele, tanto mais se contrai.

OLIVER WENDELL HOLMES, JR.

A ansiedade necessária

Passamos a acreditar que a ansiedade é um estado a ser evitado a qualquer custo, que é um empecilho a um estilo construtivo e produtivo de se viver.

Na realidade, a ansiedade tem um valor positivo, dentro de certos limites. Neste mundo tão complicado não pode ser evitada, mas, manifestando-se como um estado de dificuldade, de apreensão ou de preocupação, pode servir para nos preparar e nos alertar para possíveis problemas antes de sua ocorrência. É impossível imaginar a menor ação ou o menor ato sem que seja precedido por um certo grau oportuno de ansiedade. Como a dor física, atua como um sistema de alarme que precede a ação positiva. Só quando sobrepuja nossa razão é que surgem os problemas. No entanto, quando a vemos como um estado normal, humano, pode representar o primeiro passo para o crescimento psíquico e a busca pela sobrevivência.

Os problemas são apenas oportunidades em roupas de trabalho.

HENRY J. KAISER

O valor da diferença

Basta encontrar a pessoa que amará você por causa das diferenças e não apesar delas, e você terá encontrado um amor para toda a vida.

Felizmente, somos indivíduos muito parecidos com os outros em certos aspectos e muito diferentes em outros. São as diferenças que nos fazem ser o que somos e que determinam a direção em que cresceremos e nos transformaremos. Ser normal não significa renunciar à nossa singularidade para que sejamos como todo o mundo. Significa nos orgulharmos da forma como somos o que somos — únicos. De fato, é esse aspecto de nós mesmos que atrai os outros e que, para eles, é nosso maior presente de amor.

Se tratarmos as pessoas como elas são, continuarão a ser o que são. Mas se as tratarmos como poderiam ser, pelo que poderiam se tornar, se tornarão bem melhores, perante si mesmas.

G.T. SMITH

Uma lição de amor

Quando era criança, ouvi diversas vezes a história sobre o namoro do tio L. e da tia C. No ano que precedeu o casamento, os dois só se conheciam por cartas que cruzavam o oceano. Ele estava nos Estados Unidos fazia vários anos; ela vivera toda a vida num pequeno lugarejo do norte da Itália. Meu tio conheceu-a por intermédio do irmão dela, que havia recentemente emigrado para os Estados Unidos, e começou a se corresponder com ela regularmente. Com as cartas e a única fotografia que trocaram, surgiu a proposta de casamento e o sonho de uma vida melhor juntos.

Isso resultou numa grande história de amor que durou pelos 55 anos seguintes. Minha mãe descrevia o primeiro encontro deles. O quanto estavam agitados, nervosos e inseguros. Eu imaginava dois estranhos caminhando na estação do trem e se encontrando para passar o resto da vida juntos. Duas pessoas que nunca tiveram a oportunidade de se apaixonar do jeito a que estamos acostumados. Nenhum sentimento etéreo do primeiro amor, nenhum fascínio, nenhuma perda de apetite, nenhuma fraqueza nos joelhos, nenhum passo trocado.

Pelo contrário, havia a simples determinação de cada um trazer para o casamento o que tinha a dar e a partilhar. Os dois só queriam que desse certo. Em vez de expectativas impossíveis, havia um entendimento tácito de que seriam necessários ajustes de um e de outro, e a esperança de que com o tempo chegariam a se amar — como se amaram.

O amor não fica estático, como uma pedra. Tem de ser feito como o pão: refeito todo o tempo, renovado.

URSULA K. LEGUIN

A vida é nosso maior
bem, e o amor, a sua
maior afirmação.

Você é o que é

Sejamos atentos para não nos tornarmos vítimas da idéia de que não temos nenhuma amorosidade, por sermos bem mais desse jeito e não daquele. Estamos bem por sermos o que somos. Diversidade é vida. Há um sem-número de indivíduos que, por exemplo, amam as pessoas altas, as baixas, as morenas, as loiras, as magras, as gordas, as pessoas quietas, as falantes, e assim por diante. Quanto menos nos desculpamos pelo que somos, tanto mais estamos assegurando o amor duradouro. Com paciência, vamos descobrir alguém que nos trate com carinho. Então teremos toda uma vida livre de artifícios e ilusões, e a liberdade para sermos o que somos.

Nenhuma transformação traz felicidade, a menos que, da maneira como a efetuemos, tenhamos uma ascensão. O homem feliz é portanto o homem que, sem buscar diretamente a felicidade, de modo inevitável descobre alegria como um bônus pelo ato de tomar a dianteira e alcançar a plenitude e a finalidade de seu próprio eu.

PIERRE TEILHARD DE CHARDIN

Paciência

A natureza nos oferece uma variedade infinita de plantas que nos fascinam e encantam. Sabemos que seríamos ridículos se as criticássemos. Não as repreendemos por acharmos que já deveriam ter dado um novo broto ou uma nova folha. Nem as comparamos com outras plantas do mesmo jardim que estejam mais vicejantes. Deixamos que façam o que lhes seja natural: crescer e florescer no seu próprio ritmo.

Parece lógico oferecer a quem amamos a mesma consideração, sobretudo por não podermos saber exatamente por quais lutas e dificuldades estão passando e enfrentando. Mesmo com a melhor das intenções, nossa impaciência para que "cresçam" e que "sejam sensíveis" dá a entender que se trata de assunto simples. A premissa é a de que podem e devem mudar à nossa ordem.

Já salvei algumas das minhas mais belas plantas porque aprendi, há muito tempo, que, se eu quiser que floresçam, tenho simplesmente de me limitar a deixá-las viver de acordo com sua própria natureza. Inúmeras vezes deixei de lado algumas, depois de esperar pacientemente que respondessem ao meu cuidado diligente, para depois um dia descobrir que só quando elas, e não eu, estavam prontas, abriam-se perante meus olhos. Apenas esperavam a hora que lhes fosse mais propícia.

Às vezes a melhor ajuda, o melhor apoio, que prestamos a quem amamos é simplesmente estar atento, em silêncio, com paciência, com esperança, com compreensão, e esperar.

O segredo de tudo é a paciência. Você só conta com o ovo depois da galinha botar...

ARNOLD GLASOW

Amor e enriquecimento cultural

O papel da arte é o de, sobretudo, enriquecer nossa vida, nos ajudar a ir além do trivial, revelar um novo modo de ver as coisas, nos ajudar a compreender os vários caminhos que levam à alma.

A vida, às vezes, é muito cruel. Há dias em que parece que não conseguimos nos soerguer acima da existência mundana, quando nos esquecemos de que há mais para viver do que pode ser vivenciado no limitado escopo de nosso pensamento. Assim, todos precisamos ser lembrados de que, se ampliarmos nosso panorama e partilharmos novos mundos com quem amamos, simultaneamente estaremos ampliando nosso elo especial.

Assistir juntos ao pôr-do-sol, ver as sombras que trazem a escuridão do anoitecer se ampliarem: isso nos revigora e renova por mais que repitamos a experiência. Admirar o vôo de gaivotas ou perceber a vagarosa marcha de um caracol são gestos que nos enriquecem de forma misteriosa. A música também pode romper as armadilhas verbais que criamos para nós mesmos ao atingir um nível profundo e não-lingüístico da consciência.

Mozart, por meio da música, nos pinta em cores delicadas. Wagner nos mergulha no poder. Vivaldi nos limpa o espírito. Ao afundarmos nas vastas e coloridas telas de Rothko, ou nos panoramas escarpados de Van Gogh, ou no mundo dourado de Tintoretto, atingimos uma ponte universal que nos leva a quem amamos.

É grande o pesar ao constatarmos que a genialidade de pessoas criativas ao longo de tantos séculos é completamente ignorada como veículo a nos unir mais profundamente no amor quando está tão ao nosso alcance, quando é tão fácil partilhá-la.

Aquele que preserva a capacidade de enxergar a beleza nunca envelhece.

FRANZ KAFKA

Sendo fiel a si mesmo

Para muitos de nós, ser fiel a nós mesmos apresenta dificuldades. Tememos que, ao agir assim, nos exponhamos ao ridículo, ou pior, à rejeição. Portanto, não arriscamos. Criamos disfarces e orquestramos pequenas rotinas de indiferença atrás das quais nos esconder. Fingimo-nos de pessoas sofisticadas ou permanecemos distantes, certos de que tais fachadas nos protegerão e nos esconderão de olhares penetrantes. Fazemos isso apesar de nossa esperança de que haja alguém que não aceitará tais artifícios. Por ironia, a pessoa que tentamos esconder é exatamente aquela que as outras estão procurando. Nosso eu verdadeiro é bem melhor do que qualquer outro que tentemos tramar ou projetar. A verdadeira medida de quem ama é não recear em mostrar aos outros o que é. Ao proceder assim, o que sentirmos ter perdido em imagem, teremos ganhado dez vezes em confiança e respeito.

Lembro-me de um romancista que descrevia um de seus personagens como "não tanto um ser humano quanto uma guerra civil". Os que de nós travaram a luta entre o que somos e o que achamos que devemos ser para sermos amados, sem dúvida se identificarão com esse personagem.

Se quisermos conhecer o amor na vida, precisamos estar dispostos a revelar-nos às pessoas que estão ao nosso alcance, ou de quem tentamos com todo o empenho proteger de nós mesmos. Na verdade, não há nada a esconder.

Oh, a energia milagrosa que flui entre duas pessoas que demonstram zelo uma pela outra a ponto de irem além da superfície e dos jogos, dispostas a assumir o risco de se abrirem totalmente, a ouvir, e a reagir com todo o coração. O quanto podemos fazer um pelo outro.

ALEX NOBLE

O amor liberta

Muitos vêem o compromisso num relacionamento amoroso como uma concessão radical: ou você cede, ou perde a liberdade pessoal. Isso pode ou não ser verdadeiro, dependendo de como cada um vê a liberdade pessoal.

O amor garante certas liberdades: a liberdade de nos zangarmos de vez em quando, até de explodirmos sem receio de deixar uma cicatriz permanente; a liberdade de sermos imperfeitos, mesmo ao ponto de agirmos como tolos, sem qualquer medo de que nos percam o respeito; a liberdade de mudar e de crescer, mas também a de vacilar ou fracassar, sem receio de que nos abandonarão quando mais precisarmos. Como a maioria das liberdades que temos, delas nos beneficiamos sem que nos mostremos gratos por isso. Porém, diversamente de nossas outras liberdades, merecem mais do que a atenção só duas vezes ao ano. Devem ser vigiadas todos os dias.

O amor que inibe não é amor. O amor só é amor quando liberta.

A liberdade nada mais é do que uma oportunidade para sermos melhores.

ALBERT CAMUS

Os que amam não se
limitam a esperar pelo
melhor: lutam para
que o melhor
aconteça.

Exprimindo necessidades

Ninguém jamais esteve predestinado a chorar ou a sofrer na solidão. Não obstante, muitos de nós passam anos a fio sofrendo em silêncio, sem pedir a ajuda de que tanto necessitam. Acreditamos que os outros deveriam estar cientes de nossa dor, embora nada falemos a respeito.

É em virtude da força emocional, não da fraqueza, que somos capazes de solicitar auxílio. O medo da rejeição ou do ridículo, ou de qualquer outra coisa que arquitetemos para esconder nosso sofrimento, terá de ser superado, caso contrário jamais receberemos o amparo de que precisamos.

Ao pedirmos ajuda, estamos na realidade fazendo um elogio: insinuamos à outra pessoa em quem confiamos que nos ajude durante um período de grande vulnerabilidade. Não esperamos que nos tragam soluções. Só pedimos que se façam presentes, que nos dêem o amparo de que necessitarmos, até encontrarmos nossas próprias soluções.

Um sincero "eu preciso de você" é uma importante expressão de amor.

Creio que o primeiro teste de um homem verdadeiramente grande seja a humildade.

JOHN RUSKIN

Analisando o amor

Pergunto-me por que, nos dias de hoje, é tão importante a tudo analisar. Alguns dizem: "Eu te amo" e parece-nos que devemos perguntar o que querem dizer com isso. Queremos saber o que estão dizendo na verdade e nos perguntamos o que de fato estariam sentindo. Passamos horas intermináveis examinando minuciosamente por que alguém disse isso ou aquilo, colocando ao microscópio coisas que deveriam ser simplesmente aceitas.

Por certo, é verdade que, quanto mais sabemos sobre alguma coisa ou alguém, tanto mais somos capazes de entendê-los. Mas nunca podemos saber tudo sobre qualquer coisa e isso também está bem. Há uma certa magia no fato de que, mesmo depois de uma vida inteira de relacionamento, os sentimentos, os pensamentos e as atitudes mais profundas possam ainda continuar incompreensíveis.

O que precisamos saber sobre o amor não é grande mistério. Todos sabemos em que consiste o comportamento amoroso; só precisamos agir de acordo com ele, sem questioná-lo constantemente. A análise exagerada muitas vezes confunde a questão e acaba por não nos aproximar mais de algum lampejo revelador. Às vezes, nos dedicamos demais a classificar, a separar e a examinar e nos esquecemos de que o amor é simples: nós é que o complicamos.

O homem vive por acreditar em alguma coisa, não por debater e discutir todas as coisas.

THOMAS CARLYLE

Gratidão

Quando ainda estava na escola primária, tive uma professora que todos achavam ser maluca. Todas as sextas-feiras, antes de o sinal tocar, anunciando o encerramento, ela saía andando pela sala de aula e pedia a cada um de nós que indicássemos alguma coisa pelo que nos sentíssemos gratos. Tínhamos de fazer força para não explodir em risadas à medida que os alunos se levantavam e diziam: "Sou grato pela minha bicicleta", "Sou grata pela minha boneca da Shirley Temple". E assim por diante.

Quando chegava a vez da minha professora, ela fechava os olhos em reverência: "Sou grata pelos meus olhos que vêem", entoava. "Sou grata pelos meus ouvidos que ouvem. Sou grata pelas minhas pernas que andam; pela minha mente que pensa; pelos meus dedos que tocam." Àquela época, todos estávamos de acordo em que a Srta. S. estava doida. Hoje, porém, mais velho e mais vivido, levanto de manhã e agradeço pela visão e pela audição que me restam, pela minha mente ainda preservada e pelo fato de que ainda sou capaz de caminhar quilômetros com prazer. Não apenas sou grato por esses milagres, como também nunca deixo de manifestar minha gratidão sempre que surge uma oportunidade. Por fim, entendi o que ela queria dizer.

Há alguns anos, tive um mestre budista na Tailândia que lembrava a todos os discípulos o seguinte: há sempre algum motivo para sermos gratos. Dizia: "Levantemos e sejamos gratos, pois se ainda não aprendemos muito hoje, pelo menos aprendemos um pouquinho. E se ainda nem um pouquinho aprendemos, pelo menos não ficamos doentes. E se ficamos doentes, pelo menos não morremos. Portanto, sejamos todos gratos."

A dívida do homem... não é uma virtude; mas sua restituição é. A virtude começa quando ele se dedica ativamente ao ofício da gratidão.

RUTH BENEDICT

O aprendizado da paciência

A paciência não é um traço de caráter muito cultivado em nossa cultura. E nos descobrimos cada vez mais impacientes com a paciência. Queremos ações e respostas já. Omitimos o fato de que, se quisermos a ação correta, as respostas corretas e a transformação permanente, muitas vezes temos de esperar. Coisas como a análise diligente, a consideração sensata e a deliberação calma requerem tempo.

Isso é particularmente verdadeiro no amor. Queremos companheiros amorosos perfeitos em relacionamentos ideais, e os queremos já. Se o relacionamento esperado não acontecer instantaneamente, buscamos a porta de saída, desconsiderando o tempo, a persistência e a constância tão integrais ao processo. Paciência significa disposição a suportar o sofrimento, resistir à demora e perseverar quando a situação se torna difícil. A recompensa está no fortalecimento dos compromissos e na retribuição da paciência. Trata-se de uma qualidade fundamental para vivermos felizes para sempre.

Vale a pena esperar por aquilo que vale.

ANÔNIMO

Somos o que pensamos e acreditamos

Alguém que conheci muito bem durante anos vive sempre do lado do pessimismo e da prostração. Ela está convencida de que o mundo é um lugar cruel e impiedoso e que a tragédia está à espreita, pronta a desabar sobre si num instante caso esteja desprevenida.

Está certa de que se planejar um passeio no campo, vai chover; se o telefone tocar, é alguém com notícias desagradáveis; um telegrama é sempre a comunicação de que alguém morreu. As pessoas, ela lhe dirá sem hesitação, ou são ignorantes, ou são hipócritas, ou traiçoeiras, ou tudo isso ao mesmo tempo. Naturalmente, ela me vê, o eterno otimista, como ingênuo insensato e alguém em quem não se pode acreditar.

Como num vaticínio inevitável, sua visão lúgubre da vida, sua melancólica opinião sobre as pessoas e sua expectativa da tragédia muitas vezes se confirmam. Não creio que pudesse sobreviver de outro modo.

O amor não é tolo: admite o lado sombrio da vida. Mas, para poder sobreviver, não faz da negatividade uma moradia permanente.

Se você ficar dizendo que as coisas vão ficar ruins,
tem uma chance de se tornar um profeta.

ISAAC SINGER

As mesquinharias são o mal que acaba por matar o amor

As coisas grandiosas dificilmente interferem no crescimento do amor. Pelo contrário, são as coisas pequenas, aparentemente insignificantes, que mais o prejudicam. Ela gosta de apertar a pasta de dentes no meio; ele gosta de ordem e começa a apertá-la por baixo. Embora seja motivo para algum aborrecimento, nenhum dos dois admite nisso qualquer ameaça a seu relacionamento.

Ele gosta de jogar as roupas na cadeira ao chegar do trabalho; ela prefere pendurá-las, mantendo tudo arrumado. Ela gosta da rotina, de sair em dias certos da semana, e de trazer convidados só em fins de semana; ele adora a espontaneidade, de sair quando lhe dá na telha, e de trazer amigos para casa qualquer dia da semana. Ele gosta de ir ao mesmo lugar durante as férias; ela gosta de variar, de conhecer novos lugares e de vivenciar diferentes aventuras.

Nenhuma dessas divergências são, em si, motivo para terminar um relacionamento, mas é interessante observar que se ampliam e se intensificam e acabam por se transformar em diferenças irreconciliáveis.

Também é interessante como duas pessoas são capazes de facilmente juntar as forças para vencer uma crise importante na vida, mas serem esmagadas por alguma coisinha insignificante que deixaram crescer e se inflamar.

Convém limpar a casa dessas coisas mesquinhas de vez em quando, enfrentando os aborrecimentos domésticos que poderão se tornar desentendimentos violentos se não os conhecermos bem.

Somos capazes de fazer sacrifícios em prol de grandes coisas,
mas em prol das pequenas poucos são os que conseguem.

JOHANN WOLFGANG VON GOETHE

A solidão como fonte de amor

É sempre bom lembrar que, por maior que seja o número de pessoas que nos amem, que nos cerquem ou que se preocupem com nosso bem-estar, num sentido muito real, estamos sós. Ninguém, por mais que se desvele e se desdobre, é capaz de nos entender verdadeiramente, nossos medos, nossas esperanças, nossos sonhos. Somos estranhos, inclusive para nós mesmos, e muitos de nós passam a vida tentando compreender quem realmente somos.

Esse estranhamento pode ser fonte de grande solidão, mas não necessariamente. Na realidade, propicia uma maneira para contornarmos nossos receios por meio da auto-revelação. Só sabemos quem somos quando nos dispomos a cavarmos fundo nos recantos interiores de nós mesmos. Os outros só saberão quem somos quando estivermos dispostos a nos arriscar revelando-nos a nós mesmos. A tarefa é árdua, assustadora e constante.

Mediante a aceitação de nossa solidão, podemos começar a apreender o verdadeiro valor do amor e por que não podemos viver sem ele.

A solidão e o sentimento de que somos indesejados são as mais terríveis das pobrezas.

MADRE TERESA

O amor adquiriu sua
tênue reputação
porque, durante muito
tempo, ficou nas
mãos de amadores.

A adaptação no amor

Um dos mais elementares princípios da ciência é o que diz ser a adaptação o segredo da sobrevivência. Isso não é menos fundamental em relação ao amor, visto que, muitas vezes, temos de subordinar nossos desejos imediatos às necessidades dos que amamos. Seu bem-estar e sua satisfação precisam ser tão importantes quanto os nossos, talvez até mais.

As pessoas que não se dispõem a adaptar-se ou a modificar as atitudes olham para o compromisso amoroso como uma fraqueza psicológica, na melhor das hipóteses como uma atitude de conseqüências sombrias. Não conseguem entender que há uma grande diferença entre ceder sob coerção e ceder por vontade própria. Ceder é uma espécie importante de generosidade quando as pessoas se amam. O que achamos que perdemos em termos de identidade ou de controle, ganhamos dez vezes em termos de segurança e de coexistência pacífica. Você não perde no compromisso, você descobre.

Um grande bem se faz ao mundo quando não cuidamos muito para quem leva o crédito.

Um Lema Jesuíta

A livre escolha

Os que sofrem da ilusão de que não passam de computadores humanos, manipulados por programadores sobre os quais não têm controle, jamais conhecerão o amor ou viverão a vida na sua plenitude.

Nascemos sem ter qualquer pessoa semelhante ou igual. Nossos pensamentos, nosso caráter e nosso espírito são caracteristicamente próprios e pessoais. Ao desenvolvermos essas qualidades, talvez às vezes nos encontremos à mercê de indivíduos insensatos e cruéis que tenham por objetivo nos transformar em clones subservientes. Mas enquanto acreditarmos que temos uma livre escolha à nossa frente, estaremos salvos. Essa grande força, a de escolher e não de ser sempre escolhido, é eterna.

Apesar disso, sempre haverá pessoas a nos dizer que somos peões impotentes. Aceitar ou rejeitar a verdade disso nada mais é do que outra opção que temos.

Há muitos exemplos positivos que nos podem fazer acreditar que somos livres para modificar o que somos, o que acreditamos, e o que vemos como nossas metas e nossos objetivos. Podemos optar entre amar ou odiar, entre sermos felizes ou desesperados, livres ou oprimidos, magnânimos ou amargos. A liberdade requer a responsabilidade pelas opções que fazemos. A longo prazo, somos responsáveis pela nossa vida e pelo modo como a vivemos.

Descobri que sempre tive opções e, às vezes, é apenas uma opção de postura ou atitude.

JUDITH M. KNOWLTON

O verdadeiro desafio do amor está em mantermos nossa dignidade pessoal sem prejudicarmos a dos outros

O que possuímos de mais valioso é nossa dignidade pessoal. Quando a perdemos, nada mais temos. Como todos nós temos valor e somos diferentes uns dos outros, é ridículo medir o valor de alguém em comparação ao de outra pessoa. As que avaliam o valor dos outros pelo seu valor monetário, seu trabalho ou por qualquer outro parâmetro escolhido, colocam em dúvida sua própria inteligência e sensibilidade.

Se somos todos iguais aos olhos de Deus, quem se atreveria a se colocar como um juiz de instância ainda superior? E só somos prisioneiros dessa armadilha, desse cenário prejudicial, quando permitimos que os outros determinem nosso valor. À medida que acreditarmos em nós mesmos, mantivermos o respeito por nós mesmos, nosso orgulho e senso de humor, estaremos a salvo desses intrusos.

Quando nos menosprezamos com a finalidade de nos engrandecermos, demonstramos um sinal de nossa própria fraqueza. Tornamo-nos mais dignos de compaixão do que de desdém ou desprezo, pois, na realidade, estamos revelando nossa desesperada vontade de sermos amados.

Comportar-se com dignidade nada mais é do que permitir que os outros sejam livremente quem são.

SOL CHANELES

Só fracassamos no amor quando atribuímos o fracasso aos outros

Não nascemos amantes perfeitos. Por isso, poucos são os que escapam de fazer-se tolos amorosos de si mesmos. O amor está sempre presente, a ser aprendido e aperfeiçoado. Se estivermos dispostos a admitir nossos erros e a aceitarmos nossas falhas, poderemos vê-los como fatores catalíticos da transformação e não como motivos para recuo ou distanciamento.

Tão logo coloquemos a culpa de nosso fracasso nos outros, limitamos nossa oportunidade de crescimento. (Quem precisa melhorar quando a culpa é sempre dos outros?) Essa atitude sempre leva à derrota.

Quando nos sentimos indesejados e desamados, a falha é nossa. Não existe uma coisa chamada fracasso no amor. Podemos deixar de amar, ou deixar o amor, mas não fracassamos no amor até que coloquemos a culpa do fracasso em outra pessoa.

Quando um homem culpa os outros pelo seu fracasso,
uma boa idéia é atribuir aos outros os seus sucessos.

HOWARD W. NEWTON

Só quando
vivenciamos o amor
é que percebemos
verdadeiramente o que
seria perdido ao
deixá-lo passar.

Pare de questionar, apenas ame — e terá solucionado o mistério

Perante algo tão complexo e envolvente como o amor, não é de se surpreender que preferíssemos nele caminhar com diligente atenção. Isso é particularmente compreensível quando sentimos que o amor de algum modo nos fez mal. As feridas do ego cicatrizam vagarosamente, tanto mais quando interpretamos a derrota e o fracasso como sinais de que não temos nenhuma amorosidade. A análise constante de tudo e de todos os que vinculamos ao amor nos impede de qualquer julgamento sensato. E acaba por nos imobilizar. Por que, a quem e como amamos são perguntas que não trazem proveito do olhar examinador.

Uma leitora me escreveu relatando seu problema em apaixonar-se. Quanto mais tempo passava analisando e antecipando a possível evolução do relacionamento em questão, tanto mais impossível para ela se tornava tomar uma decisão. "Talvez", concluía, "eu devesse parar de questionar e apenas amar, rumo às respostas." Talvez.

Não decidir é decidir.

HARVEY COX

Nunca somos derrotados no amor — só quando imaginamos que o entendemos plenamente

Não se deixe iludir. Não existem especialistas no amor. Eu o estudo há mais de vinte e cinco anos e ainda hesito até mesmo para defini-lo. A cada ano que passa e em que me debato com o conceito, descubro novas e fascinantes facetas que me impedem de me tornar satisfeito como pessoa que ama. Os que exigem ver o panorama total ou o fundamento sem dúvida continuarão frustrados para sempre. Não é importante recebermos respostas definitivas no amor: o importante é continuar a busca. Seria uma tragédia chegarmos no limiar da vida sem entender tudo o que podemos sobre o amor, porque, para mim, é certo que nossa vida será definida, em última análise, pelo amor que vivenciamos.

Continuar a crescer no amor é uma jornada jubilosa e mística, cheia de novas revelações súbitas, emoções e surpresas. A compensação derradeira, embora talvez não nos ofereça todas as respostas, bem vale a jornada.

Os brontossauros extinguiram-se, mas não foi culpa deles.
Para sobreviver, o homem tem de evoluir.

JONAS SALK

Para não perder-se a si mesmo

Um dos aspectos fundamentais do amor é o desejo de nos unirmos profundamente com outra pessoa. É natural que desejemos fazer parte íntima e integralmente dos que amamos. Acreditamos que só lhes poderemos proporcionar felicidade se os conhecermos na mente, no corpo e no espírito.

Há nisso um perigo inerente quando nos tornamos totalmente envolvidos com outra pessoa que perdemos a nós mesmos. Ao proceder assim, nos tornamos menores para quem nos ama. Pois fundir totalmente nossa identidade à de outra pessoa é negar nosso passado e tudo o que nos faz ser o que somos. O rclacionamento amoroso funciona melhor como uma reunião voluntária de duas pessoas distintas. Através da dedicação e do respeito mútuo, elas criam uma nova identidade, que não é a de nenhum dos dois, mas parte de ambos — o próprio relacionamento.

Os novos relacionamentos são sempre frágeis; os que sobrevivem ora parecem envelhecer graciosamente, ora terminam simplesmente envelhecendo. A diferença, me parece, está em duas pessoas que mantiveram sua integridade pessoal e que também estão dispostas a unir seus esforços e suas singularidades para dar forma a seu amor.

Veremos que é necessário abdicar de alguma coisa em nós mesmos a cada novo relacionamento, embora seja muito aconselhável que estejamos sempre atentos para que não nos percamos de nós mesmos no processo.

Há testemunhos abundantes de que se preferirmos
o amor a nós mesmos, ganharemos, incomensuravelmente.

CHARLES FIELD

O sacrifício de si mesmo

O sacrifício para o lucro ou o ganho pessoal é mesquinho e antinatural. Porém, iluminado pelo amor, o sacrifício de si mesmo torna-se sagrado.

Muitas vezes já ouvi: "Depois de tudo o que lhe dei, é assim que você me demonstra gratidão?" Essa e tantas outras tristes manipulações, tão comuns, são degradantes para qualquer conceito de amor. Implicam uma barganha, uma troca, em que são impostas condições e expectativas sobre nós, para que retribuamos na mesma moeda.

Quando abrimos mão de alguma coisa por alguém que amamos, por maior que seja o sacrifício, não pode haver condições. O que fazemos, fazemos por livre e espontânea vontade, sem insinuar um futuro pagamento, uma futura dívida, ou uma futura culpa. Só dessa forma o sacrifício é uma manifestação autêntica de amor.

O amor que amor exige em troca, só encontra sofrimento, dores e ais. O amor que nada exige em troca, este sim, recebe o mesmo tanto, e mais.

DINAH MULOCK CRAIK

O amor nos faz crescer

O amor faz com que nos aventuremos por lugares em nosso pensamento e coração nunca antes explorados e que nunca seriam descobertos exceto pelo amor. Em essência, o amor nos revela a nós mesmos.

Com o amor, descobrimos a segurança que nos encoraja a arriscar, a tentar uma vez mais, e a descobrir novas opções de conduta em detrimento das antigas. Descobrimos a nós mesmos mais profundamente ao descobrirmos o outro. De quem amamos recebemos o presente de uma nova perspectiva, a percepção de que o mundo que definíramos para nós talvez fosse limitado, e somos encorajados a alargar os horizontes, possibilitando novas percepções através do ponto de vista de outra pessoa.

O amor nos oferece o solo mais fértil para o crescimento. Fertilizamos esse solo enriquecendo-o com a disposição de abrir mão de nosso antigo eu e de nossos preconceitos inúteis. Em troca, somos agraciados com uma visão mais ampla de nós mesmos e com um mundo de possibilidades ilimitadas para nossa descoberta. O amor não é cego. Tem visão perfeita. Permite que vejamos como jamais vimos antes.

A diferença entre uma pessoa antes e depois de apaixonar-se é a mesma que há entre uma lâmpada apagada e uma acesa. A lâmpada estava lá era uma boa lâmpada, só que agora irradia luz (sua verdadeira função)

VINCENT VAN GOGH

Só estamos preparados para dar e receber o amor que conhecemos

O trabalho com crianças que tinham problemas emocionais ao longo de muitos anos me propiciou grandes revelações. Essas crianças, na maioria, só tinham vivenciado perversões do amor. Não era de se admirar, portanto, que as expressões do amor as aterrorizassem. Os sinais de afeição eram rejeitados e mal interpretados. A ternura as repelia. A longa estrada da confiança teve de ser pavimentada durante meses e anos de um trabalho consistente e persistente no intuito de recuperar a confiança.

O que tinham aprendido a temer podia, finalmente, com tempo e compreensão, ser aceito como reconfortante; o que vivenciaram como aflição parecia encorajador; o que perceberam como detestável poderia passar a ser aceito como a confiança renovada.

O amor que temos para dar é condicionado pelo amor que vivenciamos. Mas há esperança. Amar se aprende amando.

Não há colheita só para o coração. A semente do amor precisa ser eternamente ressemeada.

Anne Morrow Lindbergh

A preocupação nunca
livra o amanhã de
seus pesares, apenas
impede as alegrias
de hoje.

Um dia sem um completo ato de amor é um dia perdido

Apesar das muitas ocasiões possíveis para demonstrarmos amor, pequeno é o amor que se demonstra no mundo. As pessoas morrem sozinhas, sofrem sozinhas. As crianças são vítimas de agressão; os idosos passam os últimos dias sem ternura e amor. Num mundo em que há tal necessidade óbvia de amor manifesto, convém perceber a enorme força que temos para ajudar e curar as pessoas que nos cercam apenas pelo estender da mão ou com um abraço amigo. Teresa de Ávila suplicava: "Acostume-se a praticar muitos gestos de amor porque tais gestos inflamam e comovem a alma."

O fim do dia é uma boa hora para refletirmos sobre o que fizemos para tornar o mundo um lugar melhor, com mais carinho e amor. Se nada vem ao pensamento noite após noite, temos também excelente momento para considerarmos como seria possível transformar o mundo para melhor. Não precisamos de gestos monumentais, basta agirmos nas pequenas coisas de fácil realização: o telefonema que não demos, o bilhete que deixamos de escrever, a delicadeza que deixamos de reconhecer. Quando se trata de dar amor, as oportunidades são ilimitadas e todos temos esse dom.

O amor não é uma coisa que se sente. É uma coisa que se faz.

DAVID WILKERSON

Evitar a nós mesmos

A maioria de nós nunca se aproximou mais de um metro de distância de nós mesmos. Não temos verdadeiro interesse em saber quem somos ou por que agimos desse ou daquele jeito. Não confiamos em nossos sentimentos, pensamentos ou sonhos. Temos medo de que o exame minucioso de nós mesmos revele uma caixa de Pandora repleta de horrores.

Só quando enfrentamos nossos supostos demônios é que nos tornamos capazes de lidar com eles. Embora ouçamos os gritos incessantes de filósofos e de psicólogos para que "nos conheçamos a nós mesmos", isso só parece ter uma vaga relevância. E por isso continuamos a conviver com um estranho. Como, então, esperamos assumir responsabilidades por outras pessoas se ainda não lutamos com nós mesmos?

Não podemos esconder o que somos e pedir a estranhos que, também escondendo o que são, nos amem. Assim não podemos encontrar a felicidade.

O primeiro passo para o conhecimento é saber que somos ignorantes.

LORDE DAVID CECIL

Os extremos da emoção distorcem o amor

Quando encontramos nosso primeiro amor, em geral nos sentimos dominados. Vemos o que queremos ver, e não o que há para ver. Não entendemos quando as outras pessoas não se assombram diante da beleza, do calor humano, da força e do brilho de quem amamos. É como se usássemos óculos mágicos e fabulosos capazes de criar um paraíso em meio ao inferno. A realidade, assim parece, lança um brilho, um clarão insuportável.

Os extremos da emoção que distorcem nossa percepção da realidade são capazes de nos fazer de tolos. Esses estados costumam ser passageiros e dificilmente conduzem a um julgamento sensato. Se estivermos dispostos a esperar, contudo, aprendemos o senso de equilíbrio. A paixão amadurece, não mais se inflama; a adoração é aplacada pela moderação. Não quer isso dizer que percamos a chama da paixão ou que nos tornemos claudicantes emocionalmente. É só um lembrete para que removamos as viseiras emocionais de modo que possamos confiar em nossa visão.

O homem precisa ver antes de poder dizer.

HENRY DAVID THOREAU

O amor tem uma finalidade maior do que a de simplesmente nos dar conforto

Muitos de nós parecem se contentar com uma postura passiva perante o amor, convencidos de que, já que nascemos para amar, isso não deveria ser problema. Tão logo o amor traz o desconforto ou parece nos exigir, nosso instinto é o de se afastar, convencidos de que não fomos feitos para lutar.

Ninguém disse que o amor é fácil. É uma busca constante, repleta de confusões, frustrações e desespero. Se é conforto o que buscamos, deveríamos então nos centrar apenas em nós mesmos, onde podemos ser nossos próprios mestres, sem nos depararmos com conflitos, nem com a necessidade de fazer concessões. Porém, à medida que incluímos outros em nossa vida, podemos ter certeza de que haverá um certo grau de conflito.

Mas o amor sofre a sua própria espécie de degradação quando não passa de uma zona de comodidade e conforto. É sempre mais do que apenas uma forma de duas pessoas atenderem às suas necessidades mínimas.

Nada será jamais tentado se todas as objeções possíveis tiverem primeiro de ser superadas.

SAMUEL JOHNSON

As ferramentas que fazem o amor dar certo

A maioria de nós tem pouco conhecimento das ferramentas que fazem o amor dar certo. Não nos devemos sentir culpados por isso, já que o amor é aprendido sobretudo por meio da modelagem contínua, e lamentavelmente são pouquíssimos os modelos. Mas é tranqüilizador saber que as ferramentas para o aperfeiçoamento no amor estão ao nosso alcance e que nunca é tarde demais para usá-las.

Na verdade, são bem simples. Para começar, podemos nos perguntar quais as coisas que nos proporcionam mais felicidade. Em seguida, podemos oferecer essas coisas aos que mais amamos. É uma forma simples de começar, embora maravilhosa. E como todo mundo precisa fundamentalmente das mesmas coisas para a felicidade, dificilmente erraremos.

Quando damos o que temos, estamos prontos para receber o que realmente precisamos.

DOUGLAS M. LAWSON

O amor pode ser nutrido pela solidão

Um amigo explicou-me que seu relacionamento estava destruído porque a namorada queria que passassem o tempo todo juntos, noite e dia. Qualquer sinal de que preferia ficar sozinho representava para ela uma indicação de que o seu relacionamento estava ameaçado. "Eu precisava de um momento só meu", confidenciou-me. "Não tinha nada a ver com ela, mas ela entendia isso como rejeição. Tornou-se ainda um problema maior quando eu tentava encontrar velhos amigos ou conhecer novas pessoas. Ela achava que eu estava lhe roubando um tempo que era seu. Espero que encontre aquele homem especial que vai querer ficar todo o tempo grudado a ela. Não era eu."

Sem dúvida, um dos sinais do amor verdadeiro é quando nunca parece que desfrutamos o suficiente um do outro, e nada parece mais maravilhoso do que partilhar de momentos juntos. Mas, por mais que gostemos de alguém, devemos sempre procurar ficar algum tempo afastados. Precisamos de tempo para crescer individualmente se nos importarmos em crescer juntos.

Amem-se uns aos outros, mas não façam do amor uma obrigação. Que o amor seja um mar em movimento entre os litorais das almas. Encham o copo um do outro, mas não bebam só de um copo. Dêem o pão um ao outro, mas não comam do mesmo pão. Cantem e dancem juntos, sejam alegres, mas que cada um, depois, fique sozinho.

KAHLIL GIBRAN

Para nos relacionarmos

Dois estranhos se encontram. Cada um com a sua história. Cada um com uma percepção singular do mundo. Cada um dispõe de recursos e de defesas próprias para enfrentar os receios e as frustrações. Vêm ao encontro com sérias limitações e com possibilidades ilimitadas. O amor dará certo na medida em que forem capazes de explicar-se mutuamente, e se estiverem dispostos a isso. Isso deveria ser simples, pois, ao amarmos alguém, somos contemplados com a segurança e a comodidade necessárias para a mútua revelação. À medida que estivermos dispostos a isso, descobriremos a trilha mais natural em meio à destrutividade do fingimento e das dificuldades.

Materializem-se ou não as comunicações interplanetárias, um projeto ainda mais grandioso nos aguarda. Tamanha é a necessidade dos seres humanos de se comunicarem uns com os outros, aqui e agora.

NORMAN COUSINS

Quem ama perdoa

Se você é que nem eu, talvez se esqueça do seu próprio número de telefone, mas tem uma memória infalível para se lembrar de erros que já cometeu. Complicamos essa situação quando permitimos que essas lembranças perturbem o presente, mesmo anos depois de terem ocorrido.

Há pais, por exemplo, que se culpam durante a vida inteira pelos erros que acham que cometeram na educação dos filhos. Há os que tomaram decisões infelizes no trabalho, na vida social ou na vida pessoal, e que ficam o resto da vida a bater no peito dizendo: "Minha culpa, minha culpa, minha máxima culpa."

Continuar a nos punir exageradamente com relação aos erros que talvez tenhamos cometido é um fenômeno intrigante. Dá a entender que somos nossos próprios juízes e nossos principais carrascos. Vez ou outra, precisaremos do perdão dos outros, embora igualmente importante seja o perdão que devemos a nós mesmos. Não seria tempo de nos libertarmos das prisões auto-impostas da culpa e do arrependimento? O amor não implica reabrir antigas feridas. Ele tem a ver com sua cura. Diz respeito a levantar-se e ir em frente, a prosseguir com a vida.

Perdoa-se na medida em que se ama.

La Rochefoucauld

Perdoar é fácil quando
nos identificamos
com os outros e
admitimos nossas
próprias imperfeições
e uma igual
capacidade de errar.

Tentando mudar o imutável

Há um sábio dizer popular que afirma que a única coisa sobre a qual temos verdadeiramente o poder para mudar somos nós mesmos. Estamos livres para modificar nossa visão do mundo, a forma como reagimos às situações, a forma como reagimos às pessoas, o que acreditamos e o que fazemos. É só quando decidimos mudar *as outras* pessoas que encontramos frustração e desapontamento.

Se quisermos que os outros mudem, o melhor a fazer é preparar uma lista de possibilidades e opções e convidá-los a partilhar de tantas opções quanto as que pudermos oferecer, oferecendo-lhes a prerrogativa de aceitá-las ou de rejeitá-las, sem emitir julgamento. Qualquer coisa menor do que isso é procurar sofrimento.

É da natureza do homem, ao envelhecer, protestar contra as mudanças, sobretudo contra as mudanças para melhor.

JOHN STEINBECK

Uma fórmula bem conhecida que ajuda o amor a crescer

Diz-se, e para mim é verdadeiro, que só há uma forma de mantermos vivo o amor: achar alguma coisa bela para fazer a quem amamos ou para dizer a ela, e então repeti-la vinte vezes.

Não amemos de palavra, nem de língua, mas de fato e de verdade.

1 JOÃO 3:18

Ame, mas ame com paixão

O amor é uma emoção de extremos. Desafia nossa paciência, nosso entendimento e nossas habilidades. Intensifica nossa percepção, e aumenta nossa energia e vitalidade. Não é para os que são derrotados ou para os que se desiludem facilmente.

Se estivermos determinados a amar, teremos de aceitar e de assumir nossas paixões. Naturalmente corremos o risco de sermos levados a lugares misteriosos, desconhecidos e perigosos, mas temos certeza de que nossa vida nunca será chata e monótona.

A melhor forma de se conhecer a Deus é amar várias coisas.

VINCENT VAN GOGH

As defesas no amor

Parece, às vezes, que algumas pessoas conseguem segurar todas as oportunidades. Sobem a escada da felicidade e do sucesso, ao passo que outras pessoas, nós, por exemplo, não passam do primeiro degrau. Raramente nos ocorre que os que tiveram êxito são os que aceitam os problemas da vida. É bom saber que nenhuma vida está livre de problemas, que grande parte do que nos acontece é inevitável, e que não podemos ter sempre o controle.

Não quer isso dizer que devamos passar a vida suportando tudo. Não podemos aceitar a idéia de que a vida seja algo a ser suportado.

Aprender a se defender é um recurso, um hábil recurso que nos permite enfrentar a vida, mas não é um modo de vida. Viver plenamente é um modo de vida, assim como amar plenamente é o seu mais perfeito complemento.

Espere a dificuldade como uma parte inevitável da vida e, quando ela vier, mantenha a cabeça erguida, olhe-a bem nos olhos e diga: "Serei maior do que você. Você não vai conseguir me derrotar."

ANN LANDERS

O amor lucra com o senso de humor

Tornamo-nos pessoas muito sérias perante tudo, muito tensas, muito estressadas. Equiparamos a maturidade à seriedade e acreditamos que a sabedoria só nos vem por meio da reflexão sóbria e de juízos longamente ponderados.

Certa vez estava num jantar em que a conversa ia de uma discussão morosa a outra. Enfermidades, crimes, neuroses, a crise econômica, a destruição do meio ambiente; era uma coisa implacável. De repente, um senhor de idade levantou-se da cadeira e gritou: "Hora do recreio!" Naturalmente, todos acharam que tivesse ficado completamente maluco. Muitos na mesa já haviam aprendido a sufocar as brincadeiras e já haviam esquecido o valor dos impulsos irracionais e aloprados.

Muitos de nós, a maioria talvez, parecem preferir a vida previsível, calma e despojada de excessos. Poucos escolheriam uma existência apaixonada, imprevisível e turbulenta. Pergunto-me o que teria acontecido aos espíritos livres e brincalhões que um dia fomos, à maravilha e ao deslumbramento que nos dominavam naqueles tempos? Quando é que os encontros com nossos amigos se transformaram em ocasiões para só ficarmos tocando a trombeta do Juízo Final? De vez em quando, é preciso afrouxar os nós da existência, para nosso próprio bem e para o bem de quem amamos. O peso do mundo é terrível de suportar nos ombros. Deveríamos nos recusar a carregá-lo se o fizermos exclusivamente à custa do peso mais leve do riso e da despreocupação.

O dia mais inútil é aquele em que não rimos.

CHARLES FIELD

O amor cria um "nós" sem destruir o "eu"

Manter o controle num relacionamento parece ser uma preocupação fundamental para certas pessoas. Com um prazer perverso procuram ativamente pessoas que, só para prosseguir no relacionamento, se permitem ser dominadas. A necessidade de afirmação da própria autonomia cede ao princípio do menor esforço. Estejam muito inseguras de si, ou sejam apenas muito fracas para resistir, não importa: abram mão da sua individualidade.

A tragédia aqui é que quanto mais permitimos que os outros exerçam poder sobre nós, tanto mais perdemos contato com quem somos na realidade e com o que temos o direito de esperar. Uma vez perdido esse contato, a luta para readquirirmos nossa personalidade é, na melhor das hipóteses, muito penosa, sobretudo quando estamos convencidos de que na vida nos cabe a submissão perante a vontade dos outros. Ninguém recebe a vida para abrir mão de tudo à menor ordem. Proceder desta maneira em nome do amor é distorcer completamente o seu significado.

Quase todos nós aprendemos, na mais tenra infância, a prestar mais atenção aos sinais que vêm dos outros do que aos que vêm de nós mesmos. Somos estimulados a ignorar nossas necessidades e desejos e a concentrarmo-nos na expectativa dos outros.

NATHANIEL BRANDON

O amor não é o problema, nós é que somos

Quando ouço alguém suspirar "Amar é tão difícil", me sinto tentado a perguntar: "Tão difícil como o quê?" Os conflitos que encontramos no amor muitas vezes não passam de simples oportunidades que estão a exigir um pouco mais de esforço de nossa parte. Talvez precisássemos ver inocência nas transgressões do outro, sem criticá-lo. Talvez conviesse ficarmos em silêncio e ouvirmos com o coração. Talvez seja melhor fazer concessões e não marcar pontos. Talvez seja mais conveniente fazer vista grossa às fraquezas do que tirar partido delas.

Nunca ninguém disse que era fácil amar. Mas, em última análise, o que realmente importa não são os problemas que o amor traz e sim o que trazemos para o amor.

É triste não ser amado, mas é muito mais triste não ser capaz de amar.

MIGUEL DE UNAMUNO

Neste mundo não há
amor perfeito, só
amor humano.

No amor não há espaço para o ciúme

Nunca deveríamos subscrever a idéia de que só somos *verdadeiramente amados* quando somos amados com exclusividade. Pelo contrário, somos capazes de amar um sem-número de pessoas ao mesmo tempo — nossos parceiros, a família e os amigos. O indivíduo que só consegue se preocupar com uma única pessoa freqüentemente tem problemas em se importar com outras pessoas de um modo geral. O amor não é uma qualidade que se dilui quando dado livremente e com freqüência. Pelo contrário, cresce e se intensifica.

Exigir que alguém só exista para nós é uma ilusão egocêntrica que deveria ter ficado para trás durante a infância. É degradante ser considerado um objeto que pode ser possuído e controlado.

Se estamos tão inseguros em nosso relacionamento a ponto de termos de protegê-lo e resguardá-lo constantemente, talvez conviesse chamar a criancinha que vive dentro de nós e ajudá-la a crescer. O controle absoluto sobre outra pessoa nem é possível, nem desejável, nem agradável. Pelo contrário, destrói justamente o que visa proteger.

A ave-do-paraíso só pousa na mão que não aprisiona.

JOHN BERRY

O amor sobrevive na empatia

Ter empatia é entender o ponto de vista da outra pessoa. O preceito áureo do Evangelho — fazer aos outros o que desejamos que nos façam — é um exemplo de empatia. É uma poderosa característica humana para fortalecer nossas relações pessoais.

Não quer isso dizer que devamos aceitar o ponto de vista da outra pessoa. Simplesmente significa que estamos dispostos a tentar compreendê-la. Só seremos capazes disso quando aceitarmos que cada um é conformado pelas próprias vivências, que são válidas para quem as vivenciou, mesmo que contradigam as nossas. Não podemos esperar que todos vejam o mundo da mesma forma. Teremos verdadeira empatia quando conseguirmos sair de nós mesmos e tentarmos ver como o mundo parece aos olhos do outro.

Já encontrei muitas pessoas desagradáveis que, à primeira vista, poderiam ser facilmente descartadas e esquecidas. Mas, depois de algum tempo, conheci-as melhor, e percebi que passei a aceitar mais seu comportamento. Isso me ensinou a evitar os repentinos juízos negativos que muitas vezes fazemos de algumas pessoas, por ter descoberto o erro que muitas vezes cometemos nessa espécie de julgamento.

Quando a empatia se torna um hábito, e deixamos de nos inflamar pela paixão do momento, nossa capacidade de amar torna-se ilimitada.

Quando procuramos o bem nas outras pessoas, descobrimos o que há de melhor em nós mesmos.

MARTIN WALSH

Nosso coração tem pensamento próprio

O coração é o lugar onde vivemos as paixões. É um órgão frágil. Ao mesmo tempo, é prodigiosamente resistente. Não há por que tentar enganá-lo. Depende de nossa sinceridade, de nossa honestidade perante a sobrevivência.

Muitas vezes, quando suspeitamos de que ele não sobreviverá a uma mágoa profunda, a um sofrimento, recuamos para nossas fortalezas, onde a dor fica encoberta e onde negamos todo o sofrimento. E fingimos que estamos a salvo de tudo, na mais completa segurança.

Lutar contra os sofrimentos do coração é buscar, essencialmente, a transformação positiva. Poucas são as coisas de algum valor que ocorrem sem conflito. Se nada houver a nos opor, movemo-nos da ação à complacência, onde acabamos descobrindo que a ausência do sofrimento não é a melhor resposta.

Algumas pessoas sentem com o intelecto e pensam com o coração.

G.C. LICHTENBERG

Eu vou te amar se...

Entre as pessoas que se amam, ouve-se muitas vezes um refrão: "eu vou te amar se...", sem jamais chegarem a outro refrão: "eu sei que vou te amar...". O amor é oferecido, nesse caso, mediante condições e exigências específicas que simplesmente não dão certo. E que apontam para o amor como barganha, o amor como troca, com a ameaça da pessoa perdê-lo como possibilidade perene.

"Vou te amar se você ficar em casa, zelando por ela."

"Vou te amar se você for bem-sucedido."

"Vou te amar se você estiver sempre de acordo comigo."

"Vou te amar se você ficar sempre ao meu lado."

E assim por diante.

É sempre difícil atender a essas expectativas. E a perplexidade tanto mais aumenta quando o amor é usado como alavanca, como trampolim. A mensagem deveria ser: "Eu vou te amar, o resto não interessa. Não se preocupe em perder o meu amor."

É um perigo tentar modificar outro ser humano, sobretudo quando usamos de nosso amor como arma para consegui-lo.

Nenhum ser humano dá ordens ao amor.

GEORGE SAND

O amor e a questão do planejamento

Se o amor e a vida fossem mais previsíveis, é certo que teríamos menos problemas, embora fossem todos substituídos por uma monotonia insuportável. Podemos nos regozijar, portanto, de que o mundo seja tão espontâneo como é.

Na verdade, sabemos muito pouco sobre o que vai acontecer no momento seguinte. O planejamento antecipado pode nos proporcionar uma certa segurança, mas lhe é inerente uma nítida aura de futilidade considerando o quão incerto tudo é.

Tenho uma querida amiga cujo casamento era considerado ideal pelos que a conheciam. Um dia o marido saiu de casa para o trabalho na hora habitual depois de seu desjejum preferido e do abraço afetuoso à porta. Mas nunca mais voltou. Por volta do meio-dia, minha amiga recebeu um telefonema do necrotério municipal de Los Angeles em que lhe pediam que fosse até lá identificar o marido, que fora morto num acidente de carro. Anos de planejamento dissolveram-se num único e breve telefonema.

Enquanto tivermos vida, ela continuará a se desenrolar imprevisivelmente. Seremos sábios e sensatos se a acompanharmos, sabendo que o presente momento é nosso e contentando-nos em deixar que o futuro conte sua própria história.

Diante de um obstáculo impossível de superar, a obstinação é estupidez.

SIMONE DE BEAUVOIR

O amor e a frágil visão de nós mesmos

Os psicólogos e os lingüistas nos dizem que antes de nos tornarmos adultos jovens é provável que tenhamos ouvido palavras negativas como "estúpido", "idiota", "chato", "imbecil", "antipático", endereçadas a nós, mais de quinze mil vezes. Quinze mil críticas às nossas imperfeições durante um período, digamos, de dezessete anos pode ter seu peso, mesmo entre os mais confiantes e seguros de si. Não é de admirar que muitos passem a vida enfrentando sentimentos de inferioridade.

O conhecimento de que as palavras não nos tornam inferiores, de que não somos um somatório de erros e de imperfeições, de que a avaliação alheia pode ter-se baseado na ignorância, pode nos colocar na trilha de uma nova perspectiva, mais sã e realista de nós mesmos e da qual o amor por certo há de lucrar.

As palavras, como os anjos, são forças que exercem um poder invisível sobre nós. São presenças pessoais dotadas de toda uma mitologia...; e com efeitos protetores, caluniadores, criadores e aniquiladores.

JAMES HILLMAN

O amor é constante,
nós é que somos
volúveis; o amor é
fiel, as pessoas é que
traem. No amor
podemos sempre
confiar, nas
pessoas, não.

Não perca a vida à espera do amor

Muitas vezes achamos que falta alguma coisa em nossa experiência com o amor, mas não sabemos o que fazer. Só sabemos que nosso desnorteamento nos leva por caminhos que não queríamos ir. Sequer somos capazes de identificar os sentimentos constantes e perturbadores que vivenciamos, embora pareçam residir no âmago de nosso ser. Encontramo-nos como peões involuntários no jogo do amor, um jogo que não compreendemos.

A solução para esse dilema costuma ser encontrada na ação. Precisamos ativamente nos engajar na vida e vivê-la com maior determinação do que nunca, em busca de soluções e a evitar o vazio. Precisamos demonstrar mais ternura, revelar mais paciência, perdoar mais e exprimir mais gratidão *pelo que temos*. A ação positiva tem o poder de reabrir o coração.

Não há nada de errado em esperar pelo amor, desde que continuemos a viver plenamente durante a espera.

O tempo é a forma da natureza de impedir que tudo ocorra de uma só vez.

ANÔNIMO

Para amar os outros é preciso amar a si mesmo

A maioria das religiões do mundo determina que amemos a nós mesmos. A essência do mandamento é que devemos estar cientes da harmonia inerente entre o amor que sentimos pelos outros e o amor que precisamos, necessariamente, sentir por nós mesmos, se quisermos amar. Embora haja quem diga o contrário, o amor de si mesmo é uma necessidade salutar e, enquanto for direcionado para fora, nada tem a ver com egocentrismo. O amor de si mesmo se esteia na verdade fundamental de que somos capazes de dar o que temos e de ensinar o que sabemos. A meta é desenvolver o melhor eu possível, de modo que nos seja viável partilhá-lo com os outros. É impossível amar os outros mais do que a nós mesmos, e, como nosso amor é ilimitado, há uma ilimitada esperança.

O mandamento "ame ao seu próximo como a si mesmo" não é apenas um mandamento moral. É um mandamento psicológico. Ter afeto é biológico. Uma das coisas que obtemos ao amarmos e nos importarmos com os outros é não ficarmos sozinhos. E quanto mais ligados estamos à vida, mais sadios nós somos.

James Lynch

Comunicando o amor

Em 1983 conduzi uma pesquisa muito interessante. Perguntei a vários casais, que tiveram êxito no relacionamento e que passaram juntos muitos anos felizes e produtivos, que características consideravam responsáveis pelo seu sucesso no amor. Mais de 85% das centenas de pessoas consultadas responderam que a qualidade mais essencial para um relacionamento duradouro era a capacidade de se comunicar.

A comunicação é a arte de falarmos uns *com* os outros, não *para* os outros. É dizer o que pretendemos, o que sentimos, de forma clara, sem ilusão ou disfarce. Contrariamente à crença popular, é uma *habilidade* adquirida, e não um subproduto natural decorrente do encontro entre duas pessoas. Tudo o que "se subentende" ou que "não se precisa dizer" entre duas pessoas que se amam pode ser origem de uma enorme falta de comunicação. Não podemos ouvir o que o outro não diz; e, às vezes, quando por fim ouvimos, é tarde demais.

Se duas pessoas que se amam deixarem se interpor um instante entre elas, esse instante cresce — transforma-se num mês, num ano, num século; e depois é tarde demais.

JEAN GIRAUDOUX

O amor é uma arte e uma ciência

Não é preciso ter relacionamentos de muito tempo para perceber que eles requerem uma enorme dose de criatividade, além de habilidade intelectual, para que se mantenham vivos. Aquele que relaxa nos braços do amor costuma despertar aos pés da desilusão. O amor exige vigilância e consciência de tudo o que acontece a nosso redor. Precisamos ser sensíveis inclusive a sinais sutis que apontam para necessidades, mudanças, medos, frustrações. Precisamos estar prontos para a ação criativa e não nos permitir que fiquemos restringidos por idéias preconcebidas ou hábitos.

É lamentável quando não damos o verdadeiro valor a nossos relacionamentos. No que tange ao amor, o resultado é muitas vezes uma perda inequívoca. Então, como tantas vezes acontece, despende-se um enorme esforço para se readquirir o que se perdeu simplesmente porque o que já era nosso não foi devidamente preservado.

O pensamento criativo pode significar simplesmente a percepção de que não há nenhuma virtude em se fazer as coisas do jeito que sempre foram feitas.

RUDOLF FLESCH

Acreditar o bastante para perdoar

A confiança baseia-se na fé. Quando confiamos nosso coração a alguém, presumimos que esse alguém jamais tentará deliberadamente nos magoar ou abusar de nós. Gostaríamos de confiar nas pessoas de quem gostamos como pessoas honestas, confiáveis e justas. Gostaríamos de acreditar que serão responsáveis, mas, lamentavelmente, isso nem sempre é verdade. Como somos todos imperfeitos e vulneráveis, podemos enganar ou ser enganados. É nessa ocasião que precisamos recorrer à nossa capacidade de perdoar, e, a partir desse momento, as feridas cicatrizam e a fé se restaura.

Confiar significa esquecer o passado e ir em frente, ou então tentar novamente, sempre sabendo que o esforço, por mais imperfeito que seja, vale a pena. Nossa meta, afinal, é o humanitarismo, não a santidade.

A verdade é mais importante do que os fatos.

FRANK LLOYD WRIGHT

Quando o amor é verdadeiro, é generoso

Continuamente encontramos exemplos de pessoas amorosas que deixaram de procurar pelo amor e começaram a praticá-lo por meio de ações generosas. Não estou sugerindo que sigamos o exemplo de Madre Teresa, de Victor Frankl ou de Dag Hammerskold, mas que aprendamos com suas ações que a forma mais suprema do amor vem com a transcendência do eu e o enfoque das necessidades dos outros e do mundo em que vivemos.

É um estranho paradoxo: ao esquecermos o eu, vemo-nos com mais clareza; ao nos desprendermos do eu, recebemos o maior benefício.

Depois de uma seríssima cirurgia cardíaca e de graves complicações, comecei a me recuperar quando descobri que tinha o poder de transmitir sentimentos de coragem, paz e alegria para outros pacientes na enfermaria. Logo esqueci as *minhas* necessidades ao atender às dos outros.

Quando amamos alguém, sua alegria, seu crescimento e seu bem-estar passam a ter suprema importância. Nossa alegria vem por sermos o canal para a realização dessas coisas.

Só quando alguém vive além dessa autotranscendência da existência humana é que se torna verdadeiramente humano ou se torna o seu verdadeiro eu. E assim acontece não por se preocupar em realizações pessoais, voltadas para si mesmo, mas por esquecer de si mesmo e por dar-se, deixando de lado sua pessoa e voltando-se para fora.

VICTOR E. FRANKL

Amar e brincar

Dizemos muitas vezes que brincar é coisa de criança. Os jogos dos adultos costumam ser estruturados, possuem regras definidas, e são jogados para valer: vencer ou perder. As crianças brincam por brincar.

As pessoas que se amam e que brincam conhecem o valor da alegria, do riso e da surpresa. Quando brincam de faz-de-conta, abrem-se áreas da imaginação que muitas vezes se perdem na rotina em que muitos relacionamentos caem. As brincadeiras criativas nos ajudam a nos relacionarmos com as pessoas e com os objetos de novas maneiras. Estimulam a cooperação despreocupada e nos afastam da competitividade da sociedade. Não há esforço para vencer quando brincamos por brincar.

Certa vez sugeri a um casal que brincasse e se divertisse mais. Gostaram da idéia, levando-se em consideração as pressões que estavam sofrendo na vida. Assim, compraram uma mesa de pingue-pongue. E passaram a jogar todas as noites depois do trabalho. Mas o que começou como diversão acabou se transformando numa batalha noite após noite. Ele começou a falar em "não ter mais piedade"; ela exprimia a necessidade de "enfiar-lhe a bola garganta abaixo". Felizmente, optaram por um jogo menos competitivo antes que o inocente pingue-pongue arruinasse seu casamento. Agora usam a mesa para separar a roupa para lavar.

O. Fred Donaldson sugeria que "brincar é um ato de insurreição num mundo desumanizado", o que sem dúvida é verdade. A única finalidade da brincadeira é a diversão, a distração e a alegria, divertir-se sem um propósito específico e alegremente durante algum tempo fora do reino do intelecto. Quando agimos assim, descobrimos um lado positivo de nós mesmos que celebra a vida sem análise, um dos componentes básicos do amor.

Ora, uma das características da brincadeira é que brincamos sem motivo e não precisa haver qualquer motivo para ela. Brincar é um bom motivo em si mesmo.

LIN YUTANG

O amor não abre
velhas feridas, serve
para curá-las.

Quando o amor entra numa rotina

Na maioria dos relacionamentos há ocasiões em que nos sentimos aprisionados sem saber por quê. Não é só nossa felicidade, mas também nossa sanidade que sentimos necessidade de preservar.

Nossa primeira reação é olhar para outros lugares ou sair correndo, fazer qualquer coisa, menos aceitar o inevitável. É muito mais fácil nos queixarmos de nossa situação do que na verdade fazer alguma coisa a respeito. Embora a queixa talvez nos ajude a nos sentirmos melhor durante algum tempo, ela nunca melhora a situação.

O primeiro passo para sair de uma rotina é parar de remoer a situação e começar a pensar no que você quer fazer a respeito. *Fazer* alguma coisa não inclui aumentar o volume das queixas.

Muitas vezes fugimos daquilo de que mais necessitamos e, em conseqüência, ficamos depois sozinhos, infelizes e solitários. Há um caminho melhor, e ele reside no crescimento.

O motivo por que a preocupação mata mais pessoas do que o trabalho é que é maior o número de pessoas que se preocupam do que o de pessoas que trabalham.

ROBERT FROST

A intimidade profunda e o amor

Há um certo elemento de risco ao buscarmos a intimidade com outro ser humano. Admitir que necessitamos dos outros pode ser bastante assustador. Torna-nos vulneráveis. O paradoxo é que precisamos nos abrir aos outros ou a alguém, mas não queremos fazê-lo correndo riscos. Queremos nos entregar sem compromisso; queremos intimidade sem vulnerabilidade. Contudo, a intimidade só vem quando estamos dispostos a chegar até os outros sem garantias, e esperamos que os outros procedam do mesmo modo.

Essa necessidade é universal, inata. Não pode haver dúvida de que todos a sentem tão profundamente quanto nós mesmos. O desejo de intimidade é um sinal de força, não de fraqueza; de maturidade, não de necessidade neurótica.

Quando o amor se acompanha da intimidade profunda, nos alçamos ao patamar mais elevado da experiência humana. Nessa espera sublime, nos mostramos dispostos a renunciar aos nossos egos e, num relance, temos uma idéia de êxtase que pode ser nosso. As fronteiras tornam-se indistintas; não há limitações. Duas pessoas se tornam uma, sendo duas ao mesmo tempo.

Não é a nossa rijeza que nos mantém aquecidos à noite, mas a nossa ternura que faz com que outros nos aqueçam.

HAROLD LYON

A felicidade no amor

É difícil de se definir a felicidade. É algo muito pessoal. Para alguns vem dificilmente e só é criada por circunstâncias extraordinárias. Eu, por outro lado, fico mais feliz com as coisas comuns: um jantar com amigos, um passeio num parque, um bom papo, um abraço. Como cada um de nós é único, o que torna uma pessoa feliz pode ter efeito oposto noutra pessoa.

A felicidade no amor é mais do que apenas comodidade e facilidade. Não será encontrada na perseguição dos prazeres momentâneos, nem virá pela aceitação da sua definição por outra pessoa. A felicidade que cada pessoa encontra naquela que ama é criada pelo esforço paciente e deliberado.

O amor é muitas vezes retratado como intoxicante, com o poder de nos iludir e momentaneamente nos seduzir. Muito é anunciado, mas pouco é oferecido sob a forma de prazeres duradouros. Isso sempre será assim enquanto a felicidade for vista como nada mais do que uma experiência passageira. Se quisermos que nossa felicidade seja mais do que um sentimento irregular e fugaz, então teremos de transformá-la em um compromisso sólido e forte e construí-la nós mesmos.

Saber que estamos numa posição que nos permite construir e modelar nossa própria felicidade é um conhecimento precioso. A partir daí podemos aprender a trazer para nossa vida as coisas que nos fazem felizes e preservá-las, em vez de ficarmos esperando por visitas irregulares.

Costumamos esquecer que a felicidade não vem em decorrência de conseguirmos o que não temos, mas sim de reconhecermos e de apreciarmos o que temos.

FREDERICK KOENIG

Quando a gente descobre a loucura da maioria das pessoas, o amor está explicado

O comportamento amoroso não resiste à vigilância meticulosa. Muitas vezes desafia a explicação lógica e a discussão racional. Há poucas coisas a respeito dele que, com efeito, podem ser previstas, portanto temos de tratar de decifrar cada instante de amor como um fenômeno singular.

O passar dos anos me convenceu de que há um veio de loucura mesmo entre os mais sensatos e que, se não agirmos de acordo com essa loucura no sentido imaginário, fantasioso, sem dúvida acabaremos loucos, no sentido convencional.

Em que outro contexto, além do da loucura, poderia o amor ser explicado? Por que estaria alguém disposto a viver toda a vida com outra pessoa que, sob a maioria dos aspectos, continua a ser uma estranha? Como conseguimos continuar a amar os nossos filhos quando eles nos acusam de sermos estúpidos e intrometidos e fazem um esforço consciente para nos evitar? Por que permitimos que nos tornemos ruínas emocionais, quase incapazes de funcionar por causa de um trágico caso de amor, para, em seguida, irmos atrás de outro caso de amor, mesmo antes de recuperarmos os sentidos? Como podemos estar dispostos a submergir o nosso ego pelo amor de outra pessoa? Decerto a única resposta é que devemos estar loucos.

Ao aceitarmos isso, e tenho pouca dificuldade em fazê-lo, fazemos do amor a experiência mais maravilhosa e revigorante da vida.

Ele ousa ser um tolo, e isso é o primeiro passo na direção da sabedoria.

JAMES GIBBONS HUNEKER

A perfeição não é um requisito para o amor, mas a honestidade sim

A maioria de nós mente para nós mesmos e para os outros, acreditando que, ao proceder assim, tornamos o mundo mais simples e mais cômodo. Mas, com o decorrer do tempo, as mentiras, por menores que sejam, mais criam problemas do que os resolvem. Quase todas as mentiras no amor vêm da falsa convicção de que temos de ser perfeitos para sermos amados. Tememos a verdade pelas fraquezas que ela pode expor em nós. Precisamos nos lembrar de que a excelência é a *busca* da perfeição, não a sua conquista.

Mentimos para os outros porque achamos que devemos ser amados por todos. Lutamos para manter todos felizes o tempo todo. Mesmo que isso fosse possível, seria esgotante.

Mentimos para nós mesmos no intuito de evitar o enfrentamento dos problemas. Aprendemos a encobrir realidades desagradáveis iludindo a nós mesmos. A verdade é que, ao ignorarmos ou ao escondermos nossos problemas, sobretudo no amor, acabamos por complicá-los.

A mentira não funciona. É uma das principais causas do fracasso nos relacionamentos. Nada pode ser mais devastador do que constatarmos que fomos enganados exatamente pelas pessoas em quem depositamos nossa confiança.

A honestidade é sempre a melhor política. Não há exceção. O processo começa quando somos honestos com nós mesmos e termina quando nos importamos em oferecer o mesmo aos outros.

A honestidade é o primeiro capítulo do livro da sabedoria.

THOMAS JEFFERSON

Amar é dizer "sim" à vida

A vida é sempre uma aventura, seja direcionada pelo amor, seja pelo medo. O medo é o que confina a vida, o "não".

O amor é o que liberta a vida, o "sim".

Diga "sim"!

O medo da vida é a doença predileta do século XX.

William Lyon Phelps

A segurança e o amor

Não podemos viver de amor apenas, por mais poderoso que ele seja.

Quando pequeno, morava com minha grande família, e constantemente tínhamos nossa subsistência abaixo do padrão de pobreza. O alimento muitas vezes faltava, o espaço era um privilégio numa casa construída para metade daquele número de pessoas, e as roupas eram quase sempre de segunda mão. Mesmo assim, não só sobrevivemos, mas evoluímos. Eu, é evidente, sabia que havia outras pessoas que tinham mais coisas do que nós, mas a segurança que nos advinha do amor era uma compensação poderosa.

Tínhamos uns aos outros. Nunca estávamos sozinhos. Tínhamos o senso de humor e a magia culinária de minha mãe. (Como ela preparava pratos tão deliciosos com tão pouca comida, jamais saberei.) Tínhamos o entusiasmo e a habilidade com a jardinagem de meu pai. (Como ele conseguia trazer tantos frutos de um lote de terra tão pequeno, ainda me surpreende.)

O amor sempre esteve presente ajudando-nos a superar todas as faltas e carências. E mais importante ainda: adquirimos uma profunda noção sobre qual era a verdadeira necessidade básica.

Mantenha o amor no coração. A vida sem ele é como um jardim sem sol, com flores mortas.

OSCAR WILDE

Muitos de nós
permanecem estranhos
a si mesmos:
escondemos o que
somos e pedimos
a outros estranhos,
que também escondem
o que são, para que
nos amem.

O amor prospera com o enriquecimento contínuo

Para termos um relacionamento duradouro, precisamos evitar a complacência. Mais amor é perdido na ilha do contentamento do que no mar das tormentas.

O amor exige que mantenhamos o espírito aberto e estimulado, o que, na verdade, é mais fácil do que imaginamos. Podemos consegui-lo por meio de centenas de formas simples.

Conheço um homem e uma mulher casados há mais de quarenta anos e que nunca deixaram de crescer. Ela agora freqüenta um curso de pintura a aquarela, enquanto ele participa de um seminário sobre a preparação do imposto de renda. Estão estudando italiano juntos, como preparativo para uma viagem ao sul da Itália. Não há tempo em sua vida para aborrecimentos, e nunca soube de algo que não tivessem partilhado.

Os relacionamentos não crescem ou permanecem estimuladores sem um esforço consciente. Precisamos de tempo para enriquecer a vida e, portanto, o amor, caso contrário estaremos meramente coexistindo. A complacência mata.

O crescimento é a única prova da vida.

JOHN HENRY CARDINAL NEWMAN

Para ouvir os sons do amor

A maioria de nós é, quando muito, mau ouvinte. Desentendimentos pelo hábito de não sabermos ouvir têm causado mais infelicidade e sofrimento do que jamais poderíamos imaginar. O custo, imensurável, é a solidão, a mágoa, o tempo perdido e o prejuízo.

Costumamos ser ouvintes seletivos, no máximo, ouvindo metade do que é dito e filtrando o que não nos parece importante. Mesmo quando achamos que estamos realmente ouvindo, muitas vezes ouvimos a mensagem errada. Ouvimos o que desejamos ou o que esperamos ouvir, e não o que realmente está sendo dito.

Mas há esperança para os que se preocupam com a comunicação no amor. Ouvir é uma arte que se aprende. O amor é o estímulo perfeito para que trabalhemos nessa arte se não por outra razão que a de nos ensinar as conseqüências dolorosas de quando não ouvimos os outros. A preocupação com os sentimentos e o bem-estar alheios nos ajuda muito a mudarmos nosso hábito como ouvintes. Ouvimos melhor o que amamos. Ouvir é o amor em ação.

Uma das melhores formas de persuadirmos as outras pessoas é com os ouvidos... ouvindo-as simplesmente.

DEAN RUSK

Para nos aproximarmos do amor, devemos, às vezes, nos afastar dele

Às vezes, só nos distanciando, temporariamente, de uma situação aparentemente sem esperança é que começamos a desenvolver as atitudes necessárias para a regeneração. O afastamento do problema nos dá tempo para analisá-lo e nos reorganizarmos.

É de se admirar como muitas vezes a solução está bem ao nosso alcance. Os amigos, os conselheiros, a família, os livros, e até alguns *workshops* são boas fontes de descoberta de novas opções. Mas precisamos dedicar o tempo necessário para encontrar nossas soluções.

Quando nos afastamos do amor que está no caminho da decadência para descobrirmos novas revelações, não estamos fugindo do problema, apenas nos movendo em direção a soluções possíveis.

Não podemos solucionar os problemas da vida, a não ser solucionando-os.

M. SCOTT PECK

Os elogios no amor

Penso que costumamos ser muito mais generosos com os elogios aos amigos do que com as pessoas que de fato amamos. Isso acontece, apesar dos cientistas behavioristas e dos nossos instintos nos dizerem que os elogios interferem no comportamento bem mais do que as críticas. Todos nós precisamos ser acolhidos pelo calor e a aprovação de alguém que respeitamos, caso contrário, nossa dignidade pessoal corre sério perigo.

Tanto nos desacostumamos com os elogios que parecem sempre embaraçar quem os faz e quem os recebe. Somos rápidos em criticar, mas nos retraímos ante o louvor. Se a nova aparência ficou ótima, que mal há em dizê-lo? Se o penteado está combinando, por que não comentar? Se alguém está fazendo um bom trabalho, só há de melhorar se for elogiado.

O elogio, como o amor, só é significativo quando livremente partilhado.

A vaidade é de tal forma inerente ao coração do homem que todo mundo quer ser admirado — mesmo eu, que assim escrevo, e você que me lê.

Blaise Pascal

O amor não oferece garantias

O amor seria bem menos intimidante para alguns de nós se viesse com um selo de garantia. Nem mesmo a sanção da Igreja e a lei o garantem. Temos de confiar sempre no amor.

Poucos de nós estão livres do sofrimento e das lágrimas que a traição no amor pode causar. São experiências que nos deixam endurecidos e inflexíveis: não mais perdoamos. Por certo, culpamos o amor de nossa infelicidade. Ignoramos o fato de que o amor é constante. São as pessoas que traem. O amor realmente oferece uma garantia, as pessoas traem. No amor podemos confiar; nas pessoas não, por serem volúveis. A única garantia verdadeira que sempre teremos no amor vem por meio de nosso empenho em aplicar toda a nossa energia para nos tornarmos dignos do amor duradouro. Então, não há nada a temer.

O inferno é quando não se ama mais.

George Bernanos

A face mutante do amor

Como o amor nunca é vivenciado duas vezes da mesma maneira, sempre nos confunde e desafia. Todo novo amor está a exigir atitudes próprias, o pleno uso de nosso eu racional e intuitivo.

Cada situação nova se acompanha de exigências próprias e complexas. Trazemos nossas experiências passadas a cada novo amor e acabamos descobrindo que parecem inúteis, compelindo-nos a encontrar formas novas e engenhosas para lidarmos com elas. Velhos hábitos, velhos estilos e velhas atitudes não mais parecem servir para atender às exigências desse novo amor. Mas não precisamos temer a face mutante do amor, porque só fracassamos no amor quando nos comportamos como se o conhecêssemos completamente.

O único senso que é comum na longa jornada é o senso da mudança...
e todos nós instintivamente o evitamos.

E.B. WHITE

O amor e os traumas

A maioria dos nossos traumas advém da perda, da morte, do divórcio, da saúde em declínio, das crises financeiras e das amizades rompidas. Não há vida que esteja livre dessas experiências emocionalmente dolorosas. Não há como evitá-las. Fazem parte da realidade da existência.

O trauma ameaça nosso equilíbrio total, sobretudo quando a perda é irreversível. O que antes aceitávamos como habitual e previsível, de repente parece estranho e inconstante.

Leva tempo para aceitarmos a irreversibilidade de uma perda. A adaptação a uma vida que nunca mais será a mesma pode expor nossas fraquezas interiores — em geral, é preciso muita coragem para nos adaptarmos e prosseguirmos. Mas ela também pode revelar forças e recursos que não sabíamos que tínhamos.

Não obstante, a reação primeira e habitual à perda é sentir pena de nós mesmos e colocar a culpa em alguém ou em alguma coisa pelo nosso infortúnio. Acusamos Deus, a sociedade, os seres amados, qualquer pessoa que esteja ao nosso alcance. Na verdade, quando assumimos a responsabilidade de superar o trauma sofrido, passamos a nos conhecer melhor e conseguimos aceitar mais a vida.

O momento de sofrimento ou de perda da esperança pode ser o despertar que nos abre para nós mesmos, que nos dispersa a ignorância e que apaga nossas falsas percepções.

O único trauma duradouro é o que sofremos sem uma mudança positiva.

Com o tempo, a dor cede, as feridas cicatrizam, e descobrimos uma importante verdade: o que resta afinal é o que de mais valioso possuímos, a própria vida.

A felicidade é o intervalo entre períodos de infelicidade.

DON MARQUIS

Quando duas pessoas
se amam, ceder é
uma forma importante
de doar-se.

O poder do amor humano

Como seres humanos, nenhum de nós é perfeito. Somos abundantes em fragilidades e imperfeições. Sucumbimos perante:

o rancor
a impetuosidade
a vingança
a obstinação
a vaidade
a irracionalidade
a falta de compaixão
a falta de humildade
a destrutividade
a malícia
o medo
o orgulho
a esperteza
a falsidade
a desonestidade
a indecisão
a covardia
o preconceito
o ódio

Quando nos amamos apesar dessas imperfeições, começamos a perceber o poder inexplicável do amor.

A verdade é tão simples que é considerada uma pretensiosa banalidade.

DAG HAMMERSKÖLD

Amor e esperança

Não há um remédio como a esperança, nenhum tônico mais potente do que a convicção de que todo trauma tem solução. A capacidade de ter esperança nos permite enfrentar as provações do dia-a-dia. Lembra-nos que prevalecemos, não importa o que aconteça. Ninguém precisa ser uma vítima sem esperança; são poucas as situações para as quais não há remédio. Com esperança, podemos transformar uma suposta tragédia numa conquista. Se a situação não se modificar, podemos nos modificar para enfrentá-la.

Para os que acreditam, a esperança, de fato, se afigura eterna.

Ter esperança é o fato mais significativo da vida. Confere aos seres humanos um senso de destino, e a energia para começar.

NORMAN COUSINS

Amor e compaixão

Somos ainda criaturas incompletas nos debatendo num mundo complexo e desafiador em que a compaixão ajuda a salvar a todos nós. Quando a temos, nos tornamos mais realistas em nossas expectativas, menos exigentes e mais flexíveis. É menos provável que causemos mágoas, firamos sentimentos e façamos recriminações. Admitimos a fragilidade e a mudança do homem. Em termos mais simples: permitimos que as pessoas sejam quem são e ajam como sintam, encorajando-as a se tornarem mais elas mesmas.

A compaixão é um ato de tolerância, no qual reinam a bondade e o perdão. Quando fazemos uma opção com compaixão, aumentamos a dignidade de cada pessoa, o que é a essência de amá-las.

Mas como a compaixão é inerente ao homem, pode ser despertada e estimulada; qualquer que seja a idade, e por piores que sejam as vivências pregressas.

THEODORE ISAAC RUBIN

Para sermos o que somos

As pessoas que se sentem bem com o que são não se amedrontam facilmente ante o futuro. E, com entusiasmo, mantêm uma imagem firme, seja durante as adversidades, seja durante a calmaria. Detêm um sólido alicerce de segurança pessoal e de respeito próprio, que permanece constante. Embora se preocupem com o que os outros pensem sobre si, essa preocupação é saudável. Vêem nas forças externas mais um desafio do que uma ameaça.

Talvez o maior sinal de maturidade esteja em alcançarmos um estágio na vida em que abraçamos a nós mesmos — com nossas forças e fraquezas — e admitirmos que somos tudo o que temos; que temos o direito a uma vida feliz e produtiva e o poder de nos transformar e nosso meio dentro de limitações realistas. Em suma, nos é permitido, a cada um de nós, sermos o que somos e nos transformarmos no que escolhermos.

Cada ser humano tem um lugar a ocupar neste mundo, e é importante, em certo sentido, que cada um escolha entre ser ou não ser.

NATHANIEL HAWTHORNE

Culpados são os outros

A maioria de nós é especialista em culpar os outros. Aprendemos a atribuir nossos fracassos e problemas, de forma conveniente, aos outros. "Nada posso fazer sobre o jeito que sou", disse-me um homem que enfrentava sérias dificuldades. "Minha infância foi um pesadelo." Vinte anos depois, a vida desse homem continuava emperrada por causa das feridas não cicatrizadas. Tornou-se aparente que o cerne do problema não era tanto o passado difícil, mas sua compulsão a revivê-lo, sem nada fazer para mudar a situação. A depressão, a neurose, a infelicidade crônica não são apenas causadas por um episódio ou por uma pessoa, mas também pelo modo como a pessoa continua a reagir perante elas.

Quando percebemos que somos responsáveis por nos libertar das opressões do passado, também livramos todo mundo dessa responsabilidade. Só assim, começamos a nos concentrar mais no amor e menos nas acusações.

O homem que, com a sua tolice, me prejudica, receberá a proteção de meu amor mais sincero; quanto mais mal dele vier, tanto mais bem de mim receberá.

BUDA

Uma singela lição de amor

Aproxime-se de todos que você conhecer como se fossem pessoas dignas e como se a vida delas fosse tão complicada e misteriosa quanto a sua. Abandone os preconceitos e suspenda, mesmo por um momento, a idéia de que você "conhece esse tipo".

Proceda assim e talvez consiga aprender a mais importante lição que o amor nos pode ensinar: que cada pessoa é digna de nosso amor simplesmente porque são seres humanos, uma das criações singulares de Deus, e comece daí.

A medida da humanidade do homem está na extensão e na intensidade de seu amor pela humanidade.

ASHLEY MONTAGU

O amor não ensina, mostra o caminho

Os educadores e os psicólogos têm confirmado no decorrer dos anos que aprendemos mais quando imitamos, por observar o comportamento dos que estão mais próximos de nós, os que admiramos.

Ficou-se sabendo, por exemplo, que os pais que querem que os filhos leiam ou apreciem a boa música conseguirão o intento mais facilmente se forem leitores e se se cercarem de música clássica. Se esperam que os filhos desfrutem dos prazeres do alimento bom e sadio, devem prepará-lo e dividi-lo com eles regularmente. Servindo de exemplo, ensinam no sentido mais puro do termo.

Meus pais foram os exemplos mais cabais de pessoas que se amam que eu já conheci. Meu livro *Amor* lhes é dedicado da seguinte maneira: "A Tulio e Rosa, que não me ensinaram a amar, me mostraram como se ama."

As crianças que crescem num ambiente amoroso começarão, com o tempo, a definir o amor em termos do que vivenciam. Quanto mais clara e consistentemente o amor se apresenta, tanto mais naturalmente e sem esforço se tornará parte de suas vidas.

Se quisermos partilhar o amor com alguém, a estratégia mais eficaz é nos transformarmos em uma pessoa que ama da melhor forma possível e deixar que o acaso cuide do resto.

Todas as experiências da vida, tudo com o que entramos em contato na vida, é um cinzel que esculpe a estátua de nossa vida, que a modela, a modifica, a conforma. Somos parte de tudo o que encontramos.

ORISON SWETT MARDEN

O amor duradouro não é uma prova de resistência

Um triste refrão, que muitas vezes se ouve, diz: "o amor desapareceu de nosso relacionamento". Como tantas outras, essa é uma afirmação injusta para com o amor. Não é o amor que desapareceu do relacionamento, nós é que desaparecemos. O amor duradouro não é uma prova de resistência. Quando somos capazes de apreciar todas as coisas que nos uniram, e de aprofundar essa apreciação no decorrer dos anos, permanecemos juntos. Esse relacionamento é uma das histórias felizes da vida.

E isso é bom. Para alguns, ruim é que o sucesso requeira esforço. Os laços saudáveis precisam de manutenção para continuarem saudáveis; os obstáculos precisam ser superados ou aceitos com calma. Precisamos levar em consideração as falsas aparências e as defesas que ameaçam o amor. De nossa parte, devemos dar boas-vindas ao mistério, ao entusiasmo e aos desafios que fazem de nós pessoas que amam por toda a vida.

Obstáculos são aquelas imagens assustadoras que vemos quando desviamos os olhos de nosso objetivo.

HANNAH MORE

A preocupação nunca evita o sofrimento de amanhã, apenas prejudica as alegrias de hoje

Alguns vêem no amor e no compromisso amoroso uma grande fonte de pressão e de ansiedade. Preocupamo-nos em fazer as opções certas. Será que o relacionamento fracassará? Sofreremos? Se nos expusermos na intimidade, será que nos bastaremos? Preocupamo-nos, em outras palavras, por causa do amor. O amor passa a ser uma pressão, uma frustração, uma fonte de estresse.

A maioria das coisas com que nos preocupamos jamais acontece. E sabemos disso por experiência própria. Apesar disso, possessivamente nos agarramos à nossa preocupação como se afastá-la fosse uma frivolidade. Pequenos problemas nos trazem estremecimentos, e grandes problemas ameaçam nos separar totalmente. Vemos o lado negativo de tudo antes de considerarmos o positivo (se de fato chegamos a ver o positivo). Temos um milhão de bons motivos para nos preocuparmos, pois estamos bem versados em tudo e em todos que possam nos prejudicar.

A preocupação nos faz de tolos. Controla nossa vida e nos deixa com o coração vazio e com vivências perdidas. Não sugiro que passemos a viver alegremente uma vida despreocupada e displicente. Sugiro que aprendamos a discernir as preocupações verdadeiras da massa de tantas outras imaginárias e insignificantes.

Não faz nenhuma diferença a profundidade do problema, a desesperança e a falta de perspectiva, o grau de confusão, o tamanho do erro. A suficiente percepção do amor dissolverá a tudo.

EMMET FOX

Estamos limitados na
compreensão dos
outros seres humanos
pelo que sabemos
sobre nós mesmos.

Dizendo "não" ao amor

Alguns de nós temos a noção equivocada de que quando se ama alguém tem-se a obrigação de dizer sim a esse alguém a todo instante, não importando o quanto caprichosas ou frustrantes sejam suas exigências e atitudes. Sentimos que devemos aos seres amados todas as coisas possíveis e imagináveis em troca do amor que nos dão. Nesses casos, é importante compreender a diferença entre ser amado e ser manipulado.

Quando se é levado a acreditar que se deve alguma coisa em troca do amor de alguém, não se trata de amor. Há ocasiões em que dizer não pode significar o supremo gesto de amor; quando, por sermos diretos com nossos sentimentos, podemos dar um enorme passo rumo ao respeito mútuo. Nosso "não" inequívoco pode nos livrar do ressentimento que será inevitável em decorrência de termos sido manipulados.

Aprender que dizer não pode ser um gesto de amor nos ajuda a descobrir recursos que jamais soubemos que dispúnhamos, a vivenciar a dignidade que nos vem por termos sido fiéis a nós mesmos e a adquirir novas formas de defesa que nos serão úteis para sempre.

Dizer "não" dá significado ao nosso "sim".

ANÔNIMO

Não temos uma segunda chance na vida

A experiência com a morte e com a proximidade da morte me colocou em contato com seu caráter inevitável e seu valor. A morte é muitas vezes temida quando, na verdade, não é a ela que tememos, mas a indisposição a aceitarmos, apáticos, a vida não vivida.

Os que negam a mortalidade carecem da força motriz para enfrentar a vida. A existência, afinal, não tem significado em si ou por si mesma. É apenas uma seqüência de momentos que só adquirem significado depois que passaram e que são vistos na vasta tessitura de nossa vida. Quando deliberadamente desprezamos o fato de que haveremos de morrer, que nossa vida é limitada, perdemos a noção do significado de cada momento e ficamos dispostos a adiá-los para o futuro, ignorando a realidade de que se perderam para sempre.

No dia em que nascemos, recebemos uma vida para ser vivida e o potencial para o amor com que viver. Como a morte quase sempre nos chega de surpresa, raramente temos uma segunda chance para a vida e o amor.

A força mais contundente para o amor e uma vida vivida plenamente surge quando aceitamos, com sinceridade, a realidade de que ninguém é eterno.

Uma civilização que nega a morte termina por negar a vida.

OCTAVIO PAZ

No amor somos confiantes

Muitas vezes sou visto com ceticismo em virtude de meu enfoque positivo e arrebatado na confiança. Aprendi há muito tempo a ignorar a acusação de que sou um tolo e ingênuo por causa disso. Continuo a me surpreender com a agitação de algumas pessoas quando explico minha convicção na confiança, afirmando que ela une e garante mais do que qualquer outra coisa; que, sem ela, o amor possivelmente não pode durar. Não me parece que isso seja uma proposição ultrajante, realmente, mas parece gerar detratores.

Quando deixo de confiar, forças negativas predominam. As boas intenções passam despercebidas pela mente repleta de dúvidas e de suspeita. As expressões de amor são vistas com desconfiança por parecerem trazer significados ocultos. Todo dia o comportamento dá origem a enormes traumas. Preocupamo-nos que talvez sejamos enganados se confiarmos demais, embora não consideremos as conseqüências de não confiarmos o bastante.

Confie nos homens e eles serão fiéis a você; trate-os com grandiosidade e eles se mostrarão grandes.

RALPH WALDO EMERSON

O amor fomenta o amor

Todos os atos de amor voltados a nós fazem nossa vida crescer e são essenciais ao nosso bem-estar. Aceito todo o amor que puder conseguir. Não faço distinções. Quanto mais, melhor!

Às vezes as demonstrações mais puras de amor aparecem através de encontros casuais, espontâneos, como no caso do estranho que pára no intuito de nos ajudar quando o carro enguiça ou no do vendedor que de fato se importa com nossa satisfação. Gostamos de gestos como esses pela simples razão de que nos são oferecidos sem motivo de interesse, sem nenhuma expectativa de que o favor seja devolvido.

Embora seja muito humano querer o amor que enriquece uma vida através de um relacionamento especial, uma das coisas revigorantes sobre o amor é que nunca precisamos fazer distinções quanto à sua origem. É importante, porém, que dediquemos tempo suficiente para reconhecer quando o aspecto positivo de outro ser humano momentaneamente enriquece nossa vida com um toque de amor. São reforços de que precisamos, coisas de que nos lembramos quando outros insistem em pregar sobre o desamor do mundo e sobre as pessoas indignas de confiança que o habitam.

O amor é um fruto de todas as épocas e que está
ao alcance da mão de qualquer pessoa.

MADRE TERESA

Fomentando o amor que buscamos

Em todo o mundo não há uma pessoa que seja exatamente igual a outra. Tudo o que produzimos é autenticamente nosso. Sempre haverá coisas que não entendemos sobre nós mesmos, assim como há coisas de que não gostamos em nós mesmos. Apesar disso, não há um bom motivo para que não amemos a nós mesmos. Há uma dignidade definida em nossa singularidade. Nossas fantasias, sonhos, esperanças, medos, atitudes e habilidades todos nos pertencem. São eles que nos fazem ser o que somos e abrem as portas para o que poderemos vir a ser. É verdade que em nossa vida nunca podemos realmente conhecer a nós mesmos em sentido absoluto, mas é nossa dádiva a Deus nunca deixar de tentar, porque nossa busca pelo amor só pode ser fomentada por meio da satisfação de nós mesmos.

Para fazermos o bem no mundo, devemos primeiro conhecer a nós mesmos e o que dar significa para nossa vida.

PAULA P. BROWNLEE

O amor no presente

Costumo ouvir: "As pessoas só me mandam flores quando estou doente ou no hospital, quando não estou com espírito para apreciá-las. Adoro receber flores, e é engraçado que no dia em que mais receberei não estarei mais viva para apreciá-las."

"Recebo presentes no meu aniversário ou nos feriados, mas estaria disposto a abrir mão de alguns daqueles presentes surpresa de vez em quando, apenas como sinal de que alguém está pensando em mim quando não teria obrigação disso."

"Sempre quis ir à Europa, mas sempre tem alguma coisa para interferir em meus planos. Devemos ter prioridades, mas por que é que as coisas que realmente desejo têm de ser deixadas de lado pelas que tenho de fazer?"

"Eu pretendia dar-lhe o presente que ele queria. Quem teria pensando que ele me seria tirado tão de repente a ponto de eu não conseguir dar-lhe o que queria?"

O único amor que podemos aproveitar é o que vivenciamos no presente. É muito tarde para ontem e muito cedo para amanhã. As ofertas e as demonstrações de amor não podem esperar por nossa conveniência.

Nada vale mais do que o dia de hoje.

JOHANN WOLFGANG VON GOETHE

Para criar relacionamentos gratificantes

A vida nos reserva muito mais do que sedimentos inertes. Muitas vezes ouvimos sobre pessoas que permanecem em relacionamentos estagnados contentando-se em receber migalhas de amor que por acaso apareçam em seu caminho, pensando: "a vida é assim mesmo". Resignam-se com migalhas de felicidade que surgem a esmo como se alguma fonte mística tivesse predeterminado e cuidadosamente estabelecido e distribuído a ração que lhes cabe.

Nunca deveríamos ser passivos perante nossa parcela de amor e de felicidade. São coisas que deveríamos consolidar. Somos responsáveis pelo nosso amor e pelo que ele nos traz ou não. Se quisermos o amor em nossos relacionamentos, teremos de ser diretamente responsáveis por criá-lo e mantê-lo.

Onde você não encontrar amor, coloque-o você mesmo, e o encontrará.

JUAN DE LA CRUZ

A melhor maneira
para retornarmos à
vida é oferecendo-a.

A negligência do diálogo, a morte do amor

Lester se sente muito seguro em seu amor por Cynthia. Importa-se com ela, sincera e profundamente. Compra-lhe presentes na esperança de fazê-la entender o quanto ela significa para ele, sem as palavras que lhe são tão difíceis de dizer. Ele costuma pensar nela com grande carinho e ternura, mas isso tudo não é dito porque, no amor, sua língua é presa. De qualquer forma, presume que ela saiba o que ele sente a seu respeito. De fato, o que comunicam um ao outro costuma dizer respeito só ao dia-a-dia, às exigências mundanas da vida. Lester está certo de que seu amor é inabalável, que carece de manutenção. Mas um dia, Cynthia anuncia que quer ir embora, quer o divórcio.

Infelizmente, Lester descobriu muito tarde o grave erro em seu enfoque do amor e dos relacionamentos duradouros. Ficou chocado e desnorteado quando isso aconteceu porque se via como um marido perfeito.

O amor não sobrevive sob o regime constante de negligência com o diálogo. Acaba murchando e morrendo. Não pode ser mantido por sinais e símbolos, nem é beneficiado por alguma aura interminável de perdão. O amor precisa ser expressado, nutrido e fortalecido sempre. Se não o ouvirmos o bastante, decerto desaparecerá.

A bondade e a inteligência nem sempre nos livram de armadilhas e de erros. Não há forma de remover o perigo das relações humanas.

BARBARA GRIZZUTI HARRISON

O amor transcende a morte

Há pouco tempo, morreu um amigo meu muito especial. Valorizáramos e nutríramos nosso relacionamento durante trinta anos. Tivemos altos e baixos durante esse tempo, mas nos mantivemos determinados: nada haveria de interferir em nosso relacionamento sempre crescente. Penso, muitas vezes, nas experiências maravilhosas e malucas que vivemos juntos, nas várias transformações por que cada um de nós passou e no profundo partilhar que nos uniu pelo resto da vida.

É claro que sei que nunca perdemos as pessoas que amamos, mesmo com a morte. Continuam a participar de todos os gestos, de todos os pensamentos, de todas as decisões que tomamos. O seu amor deixa uma marca indelével na memória. E somos reconfortados ao saber que nossa vida foi enriquecida por partilharmos de seu amor.

Embora algum dia tenhamos de deixar quem amamos, eles não ficarão perdidos. Somos sempre melhores por termos amado. Dessa forma, o amor transcende até a morte.

Viver no coração que deixamos para trás não é morrer.

THOMAS CAMPBELL

Uma vida no amor

Tenho uma colega que sempre traz um sopro de ar puro para minha vida. Ela é uma dessas pessoas raras com uma paixão tão transbordante pela vida que todos que a conhecem a têm em alta estima. É uma pessoa única, digna de confiança, mas sempre imprevisível; sábia de várias maneiras, mas com um toque de loucura; sempre faz para os outros, mas sem nunca esquecer de si mesma; eterna incansável, mas também satisfeita com a vida; dedicada à preservação de relacionamentos íntimos e afetuosos, mas sempre disponível para alguma aventura distante.

Deixei de me perguntar há muito tempo qual a idade de minha amiga. Não me surpreenderia se ela já tivesse perdido a conta. Sei que, mais do que a maioria das pessoas, ela é fiel a seus mais profundos instintos. Ela se recusa a passar o tempo ansiando pelo que poderia ser — está sempre muito ocupada. Sua vida não está repleta de arrependimentos pelo que poderia ter sido. Ela está bem menos preocupada com o que já passou do que com o que vai passar.

Insiste em continuar vivendo a vida e amando com uma paixão que a energiza e que a torna uma pessoa sem idade. Se chegar um dia em que ela será fisicamente incapaz de prosseguir no ritmo atual, creio que encontrará muitas outras coisas para fazer, muitos mundos a explorar e pessoas para amar. Muitas vezes fiquei a pensar como era feliz de ter uma amiga como ela, não só por causa da alegria que traz e pelo desafio que apresenta, mas por causa do brilhante exemplo que representa de uma vida vivida no amor pleno.

A cada dia que vivo, mais me convenço de que o desperdício
da vida está no amor que não damos, nas forças que
não usamos, na prudência egoísta que nada arrisca e que,
esquivando-se do sofrimento, também perde a felicidade.

MARY CHOLMONDELEY

A previsibilidade e o amor

Como o comportamento humano é imprevisível e transitório, não pode haver certeza no amor. As pessoas crescem, adquirem novas perspectivas, mudam de direção, despertam para novas necessidades. As mudanças são inevitáveis.

Por mais profundas que sejam essas transformações, elas são muitas vezes sutis; podemos não percebê-las até que nos surpreendemos com a pessoa em quem investimos tanto durante a vida, pois agora ela nos é estranha. Ficamos a nos perguntar quando isso aconteceu ou a rotular a mudança de fase ou de crise. Não estamos preparados para aceitar a idéia de que alguém que amamos se modificou, por mais imperceptível que seja essa mudança, e perdemos o contato com ela.

Mas há uma coisa clara: o relacionamento traz consigo um elemento de risco e de incerteza. Os que julgam isso desconcertante talvez estejam propensos a tomar o amor por certo. Outros aceitam o comportamento imprevisível mesmo nas pessoas que conhecem na intimidade. Em vez de vermos nisso um sinal ominoso de alteração da personalidade, podemos aceitar e até celebrar a nova faceta recém-descoberta de quem amamos. De qualquer forma, a previsibilidade é uma chatice.

Arrisque! Viver é arriscar. O homem que vai mais longe
é o que, em geral, está disposto a fazer e a arriscar.

DALE CARNEGIE

O amor tem menos a
ver com o que já
passou do que com o
que vai passar.

Superando adversidades no amor

As adversidades requerem ação. A ação amorosa traz soluções. A força do nosso amor é revelada pela forma como lidamos com os problemas e as frustrações. É fácil ser gentil e positivo quando tudo flui maravilhosamente na vida. É quando mudam as correntes da vida e temporariamente nos superam que nossa força é mais exigida.

O amor constrói os mais aptos sobreviventes. Ensina-nos a não desperdiçarmos o tempo perguntando-nos "por que eu?" e sim a perguntarmos "e agora, o quê?". A primeira pergunta gera um conflito inútil, sem sentido, mas a segunda sugere ação, sem a carga da pena de si mesmo e da acusação inútil. Se houver amor, as adversidades dificilmente são causa de fracasso nos relacionamentos. Pelo contrário, na realidade ajudam na transformação e na sobrevivência.

Não podemos dizer o que pode acontecer a nós na estranha miscelânea que é a vida. Mas podemos decidir o que acontece em nós... Como assumi-lo e o que fazer a respeito... pois, afinal, é só isso que conta.

Joseph Fort Newton

Amor e fé

Onde não há fé, não pode haver amor. O amor, como a fé, exige a confiança sem garantias. Como tudo no mundo espiritual, não pode haver certeza, pois a fé vai além da razão e das provas, e o amor vai ainda mais além.

Se deles precisamos, porém, há muitas provas simples da existência do amor na vida diária: plantamos uma semente que se transforma numa flor; tocamos alguém e a força dessa pessoa cresce; enxugamos as lágrimas e aprendemos a sorrir novamente.

Só nos sentimos familiarizados com o amor quando, no fundo do coração, aceitamos plenamente sua realidade. O amor não tem chance se estamos a todo instante questionando-o ou exigindo que seja confirmado. Pascal disse que "a fé é diferente da prova; esta é humana, aquela é divina".

Só com o coração é que conseguimos ver corretamente.
O essencial é invisível aos olhos.

ANTOINE DE SAINT-EXUPÉRY

O papel da beleza no amor

Embora seja certo que o amor traz a beleza para nossa vida, também é verdade que a beleza serve para aumentar nosso amor. São coisas que servem uma à outra e que também se otimizam.

Haveria alguém tão insensível a ponto de não perceber em absoluto a beleza que nos cerca? Ela é tão abundante, tão marcante, que se deixa entrever mesmo nas coisas mais mundanas. Só precisamos ver para encontrá-la.

A beleza alegra a banalidade. Através dela nos tornamos mais conscientes, nossos espíritos se elevam, nossos corações se elevam, nossa alma é alimentada. A beleza experimentada, apreciada e partilhada é sempre uma expressão de amor.

Embora possamos viajar o mundo inteiro para encontrar a beleza,
precisamos trazê-la conosco, ou não a encontraremos.

RALPH WALDO EMERSON

Manifestando o amor

Um incidente inesquecível me ocorreu numa aula na Universidade da Califórnia do Sul, onde lecionei durante anos. Um aluno da minha turma recebera o diagnóstico médico de distrofia muscular, que, no seu caso, era progressivo e terminal. Não tinha esperança de recuperação. Tudo o que sabia era que seus últimos meses de vida seriam os mais indolores e confortáveis possível. Embora a notícia o tenha devastado, ele continuou com uma atitude positiva. Estava disposto a viver seus últimos dias o mais normalmente possível. Perto do fim, chegava em sala profundamente sedado, desorientado e obviamente assustado. Quando percebeu que o comparecimento à classe se tornava impraticável, fez um pedido incomum. Pediu que cada um de seus colegas o abraçasse pela última vez.

Nenhum sentimento, por mais belo e por melhor que fosse exprimido, parecia significar tanto para aquele jovem do que aqueles breves momentos de ternura. Fomos todos lembrados de como a vida é frágil e como é vital manifestarmos nosso amor, independente de nossa idade ou nossa condição de saúde.

Negar o amor por qualquer razão é privar os outros do que temos de melhor para dar. Proceder assim, mesmo por um dia, faz diminuir um relacionamento. Esperar a vida inteira é a maior das tragédias humanas.

Deixe em paz quem deseja ver os outros felizes, o que se apressa em dar enquanto o que lhe foi dado possa ser desfrutado, e lembre-se de que todo o momento de espera extrai algo do valor da sua boa ação.

SAMUEL JOHNSON

O perdão começa onde termina a acusação

Outro dia, observava uma discussão entre duas crianças. Brigavam por coisas insignificantes, como tanto costumamos fazer. Seu diálogo era mais ou menos assim:

— Você é estúpido.

— Você também é.

— Não tanto quanto você.

— Ah, é? Isso é o que você pensa.

Depois dessa troca de elogios, cada um seguiu seu caminho. Quando voltei ao mesmo lugar não mais de dez minutos depois, estavam brincando juntos de novo, tendo esquecido toda a discussão. Nenhum rancor remoído, nenhuma ferida do orgulho pessoal, nenhuma culpa, nenhuma lembrança rancorosa do momento anterior, nenhuma recriminação. Ali ocorreu uma breve e sincera troca de sentimentos de raiva, um período de esfriamento ainda mais breve, e tudo estava esquecido.

As crianças por certo perdoam muito mais do que os adultos. Em algum momento no processo de crescimento, parece que nos especializamos em preservar ressentimentos, em nutrir a fragilidade do ego e em não perdoar. Desenvolvemos lembranças, verdadeiras navalhas afiadíssimas, dos erros passados e trazemo-las conosco, prontos para, ao menor sinal de advertência, usá-las como munição. Nos tornamos habilidosos argumentadores com um pertinaz senso do que é certo. Estamos determinados a vencer todas as batalhas e, se as perdemos, imediatamente começamos a maquinar nossa vingança.

O perdão só nos vem quando conseguimos nos identificar com os outros e admitimos nossa própria imperfeição e uma igual capacidade de cometer erros.

Perdoa-se na medida em que se ama.

LA ROCHEFOUCAULD

Vencedor ou vítima

Ou exercemos controle sobre nossa vida, ou perdemos um tempo precioso como vítimas das circunstâncias.

Uma amiga muito íntima me confessou recentemente o entorpecimento em que mergulhou depois que o marido a deixou. A segurança e as rotinas que conhecera durante tantos anos repentinamente se fragmentaram e ela se viu diante do desconhecido e de um ego vazio. Estava com tanto rancor e com tanta mágoa que durante meses foi incapaz de tomar até mesmo as mais simples decisões e se surpreendia com o conselho da família e dos amigos para que tentasse coisas novas, fizesse novas amizades, despertasse novamente os talentos adormecidos e até buscasse novos interesses amorosos.

Presa à sua preocupação inútil em esclarecer o que aconteceu e de quem era a culpa, não ia a lugar algum, exceto talvez ao lugar da depressão. Recusava-se a entender que era a imagem negativa de si mesma ante um amor perdido que a impedia de retornar à vida. Desperdiçou tempo e energia para perceber que *ir em frente* era bem mais produtivo e interessante do que ficar *estagnada* no passado.

Não há razão para sempre equipararmos "o fim" com o "fracasso". A perda do amor sempre é devastadora, mas pode também ser uma oportunidade para ventilar espaços interiores abafados, reavaliar valores, começar de novo. Os relacionamentos podem estagnar, murchar e morrer, mas a vida e o amor continuam.

Não cometemos erros. Apenas aprendemos no erro.

ANNE WILSON SCHAEF

Para o amor basta que sejamos nós mesmos

Sermos nós mesmos num mundo em que todos querem nos modificar será sempre nosso maior desafio. A desaprovação dos outros é um meio de intimidação poderoso, mas dificilmente uma razão suficientemente forte para sermos menos do que realmente somos. Se quisermos ser felizes, mais cedo ou mais tarde teremos de afirmar o direito de sermos aceitos como nós mesmos. Não consigo imaginar um direito humano mais fundamental.

Muitas vezes sou elogiado pelos que dizem que acham revigorante que eu sempre pareça ser eu mesmo. Digo-lhes que tentei durante anos ser um outro alguém e que isso nunca deu certo.

Se quisermos ser tratados como quem somos e pelo que somos, temos de definir quem é essa pessoa.

Há, nas horas mais sensatas, uma consciência, um pensamento que nasce, independente, que se eleva sobre tudo o mais, sereno, como o céu estrelado, a reluzir eterno. Esse é o pensamento da identidade — a sua para você, seja você quem for, a minha para mim... os credos, as convenções vêm por terra e perdem todo o valor perante essa simples idéia.

WALT WHITMAN

Ter capacidade para
amar não é o mesmo
que ter habilidade
para amar.

Mudar por causa do amor

A menos que estejamos dispostos a mudar, a possibilidade de sustentar um relacionamento duradouro é muito pequena. Quando dois estranhos assumem o compromisso de uma união, cada um traz uma história, uma série de convicções e de hábitos singulares. Alguns serão em grande medida incompatíveis. Para um relacionamento sobreviver, temos de assumir o compromisso de nos ajustarmos e de sermos flexíveis.

Uma forma de consegui-lo é ouvir a nós mesmos com mais freqüência; ouvirmos a todas as nossas afirmações que geram impasses: "Ora, eu sou assim", "Sou muito velho para mudar", "Não há nada que eu possa fazer", "Não consigo", "Não quero", "O problema não é meu". Os lingüistas dizem-nos que o perigo de usar esse tipo de discurso está em que nos tornamos o que dizemos que somos e só fazemos o que acreditamos ser possível.

O amor nunca será a maravilha que poderia ser se continuarmos a nos confinar. Enquanto ignorarmos outras opções ou culparmos os outros por nossos problemas, nos consideraremos vítimas desamparadas e sem esperança. Essas atitudes afastam as pessoas de quem queremos nos aproximar.

Desconheço fato mais encorajador do que a capacidade inquestionável do homem de elevar sua vida pelo esforço consciente.

HENRY DAVID THOREAU

É preciso maturidade para amar

Cheguei à conclusão de que a quantidade de anos que vivemos tem muito pouco a ver com maturidade. Há crianças com mais sensibilidade e com mais senso de responsabilidade do que as pessoas que as criam.

A maturidade nos lega bem mais do que o mero crescimento pleno. Significa que desenvolvemos não só o intelecto racional, mas também a sensibilidade emocional. Requer coragem para enfrentarmos os desafios da vida e inteligência para aceitarmos o imutável. Significa tentar compreender o comportamento humano, embora continue a nos fazer malograr e a nos frustrar.

A pessoa madura sabe que há muitos caminhos, muitas soluções e muitas conclusões.

O amor não insiste na perfeição. Mas exige que percebamos a correlação importante entre o que somos, o que acreditamos e o modo como nos comportamos.

Tome a vida em suas mãos, e o que acontece?
Uma coisa terrível: ninguém para culpar.

ERICA JONG

Amar também é sofrer

Muitas vezes é difícil imaginar que haja algo de bom no sofrimento. No momento em que o sentimos, buscamos o alívio imediato. Tomamos medicamentos, nos afogamos no álcool, comemos em excesso, dormimos demasiadamente, o reprimimos, o negamos — fazemos qualquer coisa que nos livre do incômodo.

Entrar num relacionamento é cortejar o sofrimento, a dor. Isso é tanto mais verdadeiro quando nos aproximamos dos outros com idéias preconcebidas e expectativas. A maioria de nós quer que aquele que amamos seja nosso melhor amigo, nosso confidente íntimo, nossa principal fonte de felicidade, alguém que nos divirta, que sempre nos compreenda e perdoe. Queremos que sejam leais, emocionantes e sensuais. Infelizmente, as pessoas que atendem a essa descrição costumam ser encontradas só nas histórias românticas e no céu. São raríssimas na Terra. Aceitando isso, sabemos que estamos destinados a vivenciar a dor oriunda dessas expectativas insatisfeitas.

Mas a dor é uma grande mestra. Assim como a dor física pode mobilizar nossas defesas e nos alertar para problemas mais profundos, o mesmo pode fazer a dor emocional. Tem a função de nos despertar para a percepção de que há algo errado em nossa vida, algo que merece atenção. Se ignorarmos a dor interior, sem dúvida perderemos o controle.

Quando aceitarmos a dor, a tristeza e o desapontamento como aceitamos a alegria, estaremos a caminho de nos tornarmos pessoas que amam verdadeiramente.

Problemas são mensagens.

SHAKTI GAWAIN

Quando parece que o amor nos abandonou

Qualquer um que tenha amado já sentiu a ferroada pungente do amor. Quando entramos num relacionamento, esperamos conseguir o que queremos. Quando nossos desejos se encontram em compatibilidade, há amor. Quando em conflito, há confronto. Mesmo o amor se encolhe sob essas pressões implacáveis.

É natural querermos evitar a repetição de experiências dolorosas. Tornamo-nos por demais cautelosos ou tímidos perante tudo o que mal nos acene com a possibilidade do sofrimento. Recluímo-nos por trás de paredes defensivas e, ao procedermos assim, sentimos que somos capazes de escapar dos perigos da intimidade.

Pode haver conforto no recuo, mas não dura muito. A realidade é que não podemos viver sem pessoas, tampouco podemos viver sem amor. Portanto, quando o relacionamento termina, não temos escolha a não ser começar de novo. Precisamos nos levantar e partir. O amor não vai nos procurar em castelos de contos de fadas, e os cavaleiros em armaduras reluzentes já se foram há muito tempo. A melhor maneira de voltar à vida é dá-la. Levaremos tempo para juntar os pedaços, mas, tendo vivenciado o problema, será mais fácil desenvolver um novo modelo da próxima vez.

Lembre-se de que não foi o amor que colocou nossa vida em suspensão. Como a própria vida, o amor está sempre ali, à espera, a desafiar e a prometer, como sempre.

Acho que esses tempos difíceis me ajudaram a entender melhor a infinita riqueza e beleza da vida no dia-a-dia e que muitas e muitas coisas com que nos preocupamos não têm, afinal, qualquer importância.

ISAK DINESEN

Quando censuramos a nós mesmos por amor

É difícil amar alguém quando esse alguém nos censura. Nada pode ser mais persistentemente perturbador e ineficaz. Apesar disso, com uma regularidade angustiante, ouvimos pessoas que deveriam se conhecer melhor censurando-se mutuamente, convencidas de que estão, na verdade, se comunicando.

— Quantas vezes vou precisar te dizer? — queixam-se.

— Você não vai terminar isso nunca — dizem, num suspiro.

— Odeio ter de te lembrar mais uma vez, mas...

— O problema com você é que... — afirmam com ênfase, como se de fato de tudo soubessem.

E assim por diante.

O que se pode ganhar mediante afirmações como essas além de culpa, ressentimento, e animosidade, me escapa. Parece-me que é quase uma postura sádica repreender alguém em nome do amor. A sociedade nos punirá o bastante se cometermos erros. Não precisamos de doses extras de ansiedade provocadas por aqueles em quem buscamos apoio.

O papel de quem ama é o de cuidar da ferida com carinho e preocupação, e não reabri-la inutilmente por meio de *censuras* que fazem arder o espírito, furam os tímpanos, estilhaçam os nervos.

Trate sua vida como um cavalo de raça e ela nunca será tratada como um matungo, um rocim.

FRASE DE PÁRA-CHOQUE

Amor e ódio

A pessoa que nos diz que nunca se zanga é ou um mentiroso ou uma bomba-relógio em potencial. O melhor é evitar a ambas. O rancor, em seus vários graus, faz parte de todo o relacionamento. Não pode ser ignorado ou removido como uma mancha da roupa.

Não precisa ser destrutivo se for expresso de forma sincera e criativa. A maioria das pessoas o disfarça, tenta sublimá-lo, reprimi-lo ou projetá-lo para algum outro lugar a que não pertence. São saídas comuns e às vezes bem-sucedidas. É mais saudável, no entanto, centrarmo-nos na causa do rancor e não no rancor em si. Quando é aceito como natural à experiência humana, pode ser tratado como se fosse expresso de modo saudável. Quando o reprimimos, acaba por explodir com grande intensidade, desproporcionalmente à provocação original, deixando atrás de si uma onda de ressentimento igualmente ampliada.

As pessoas maduras sentem-se mais à vontade em lidar com o seu rancor porque sabem que é necessário manifestá-lo. Depois de expresso, muitas vezes é fácil e terminantemente eliminado. Quando reprimido, sempre cresce e encontra expressão na calamidade.

Às vezes é pior vencer uma luta do que a perder.

BILLIE HOLIDAY

Se não agirmos sobre nossa loucura no sentido imaginário, sem dúvida ficaremos loucos no sentido convencional.

O amor só pode ser compreendido na ação

Nunca ocorreu à minha mãe definir o amor. Ela riria diante da idéia. Tudo o que fazia era uma espécie de ato de amor. Deu ao amor, em nossa casa, um sentido tangível. Seu amor pelos filhos e pelo marido era claramente evidente. Ela sempre cuidou de nós com ternura, com carinho (apesar de nossos falsos protestos), ou dividindo conosco nossos risos e nossas lágrimas. Nunca viu meu pai como um santo, mas o tratava como um provável candidato. Seu elevado nível de amor espiritual podia ser sentido; todos os seus atos, pensamentos e atitudes eram uma afirmação da presença de Deus.

O amor, para minha mãe, não era algo em que pensasse ou falasse a respeito. Era algo que vivia em cada gesto. Ela nos mostrou, como madre Teresa, que o amor se descobre ao varrermos o assoalho, ao limparmos uma pia, ao cuidarmos de alguém doente, ou ao oferecermos um abraço afetuoso.

Minha mãe, sem tentar, nos ensinou a lição maior e mais duradoura de nossas vidas: que o amor é bem mais do que um sentimento. É algo a ser vivido e é com base nele que precisamos agir, dia após dia.

Tudo o que é preciso para tornarmos o mundo um melhor lugar para se viver é amar... amar como Cristo amou, como Buda amou.

ISADORA DUNCAN

Não se preocupe com o amanhã

Ninguém tem o poder de predizer o futuro. Acho melhor que seja assim. Afaste os elementos de surpresa e de mistério, e nossa vida se tornará longa e maçante. A incapacidade de prevermos mesmo o momento seguinte só é problema quando insistimos em imaginar o pior.

Muitos de nós praticam seu exercício emocional chegando a conclusões negativas. Vemos rostos sombrios em todas as janelas e em todas as esquinas. Ao proceder assim, afastamos qualquer oportunidade possível de crescimento e de alegria, e projetamos problemas onde não existem. Rejeitamos os progressos positivos de um amigo ou de um ser amado por estarmos convencidos de que têm motivos obscuros. Em troca, imaginamos que se nos aproximarmos de alguém, também seremos assim rejeitados. Logo, nunca aproveitamos as oportunidades que poderiam resultar em nosso maior progresso.

O futuro é onde passaremos o resto de nossas vidas, e é nossa opção se olharemos adiante com confiança e coragem ou se andaremos com vendas nos olhos em direção a alguma desgraça nebulosa e iminente. Como o amanhã tem uma forma repentina e dramática de transformar-se no hoje, nos é vantajoso viver mais no presente e deixar que o amanhã relate sua própria história.

Não tema o fim da vida, tema que ela nunca começará de novo.

GRACE HANSEN

Palavras de amor

Uma das maiores distorções da lógica está em dizer: "conhecer você na intimidade significa que posso pisar nos seus sentimentos".

Muitas vezes temos mais consideração e mais compreensão com estranhos do que com nossa esposa, nosso marido ou nossos filhos. Curiosamente, a verdadeira consideração e a afeição autêntica costumam ser reservadas para as pessoas mais insignificantes e não para as que nos são mais significativas. Quando chega a vez de quem amamos, ninguém se sente na obrigação de se desculpar e raramente dizem obrigado. As palavras que usamos com elas e mesmo as conseqüências dos comentários que fazemos dificilmente são ponderadas. As pessoas que mais fazem por nós muitas vezes são as menos valorizadas.

Certa vez, pedi a meus alunos do curso do Amor que fossem para casa e simplesmente dissessem "obrigado" aos pais. Houve sérias reservas ante o projeto. Não acharam oportuno agradecer aos pais por coisa alguma. "Os pais não precisam de nossa gratidão por simplesmente cumprirem com as suas obrigações. E, de qualquer modo, sabem como nos sentimos", protestaram. Todavia, insisti que completassem a tarefa e expusessem os resultados em sala de aula. Descobri que tais resultados eram previsíveis. Os alunos, porém, ficaram assombrados. Quase todos verificaram que a simples manifestação da gratidão teve um impacto real.

Depois de se recuperarem do choque inicial, os pais se encheram de alegria! Alguns na verdade choraram com o encanto e a surpresa inesperados.

Uma palavra bondosa, dita com sinceridade, pode ter um efeito mágico, sobretudo nos relacionamentos em que a magia se perdeu. Nunca temos um relacionamento tão refinado ou tão conveniente que possamos negligenciar pequenas sutilezas. Se são bastante satisfatórias para os estranhos em geral, por certo serão satisfatórias para os que amamos.

A única forma de dizer a verdade é dizê-la com amor.

HENRY DAVID THOREAU

Se você não ama a todos, você, na verdade, não ama ninguém

Certa vez, compareci a um programa popular de televisão em que o apresentador, sem dúvida alguma, praticamente não sabia quem eu era ou em que acreditava. Estava convencido de que alguém que lecionasse sobre o amor deveria ser algum louco, e estava determinado a fazer da entrevista uma grande piada.

— É verdade que você diz que devemos amar a todos? — perguntou-me, incrédulo.

— É verdade. E diria que é uma afirmação justa — respondi.

— Ora — riu. — Isso não é só uma coisa louca, mas impossível. Eu não amo a todo mundo. E nem quero.

— É um direito seu — disse-lhe. — Mas quem você excluiria? E por quê?

Por mais eloqüente que fosse, ficou sem ter o que dizer.

Estou convencido de que quando entendemos de fato a verdade do amor e aceitamos a vulnerabilidade universal da humanidade, podemos desenvolver uma empatia até mesmo pelas pessoas menos adoráveis.

O amor aponta para a capacidade de nos identificarmos com a imperfeição e reconhecermos as falhas, as fraquezas, os medos, e a confusão em nós mesmos e nos outros. Amar o que nos outros é difícil de amar representa sempre um desafio. É muito mais fácil descartar as pessoas pelas suas falhas do que nos sentirmos cativados por elas. Me pergunto por que somos mais propensos a encontrar falhas fatais do que a buscarmos as qualidades que as redimem?

Não amamos as pessoas tanto pelo bem que nos fizeram,
mas sim pelo bem que fizemos a elas.

LEON TOLSTOI

O amor, um construtor de confiança

É interessante observar que aqueles que nos parecem mais difíceis de amar são muitas vezes os que mais precisam de amor. Uma amiga recentemente riu muito porque seu filho adolescente testa os limites de seu amor quase que diariamente. Na minha opinião, disse-lhe, ele desistiria de suas camisetas sujas e de seu cabelo colorido no devido tempo, mas ela na verdade não precisava de meus conselhos tranqüilizadores. Já compreendera a importância de ficar a seu lado e de permitir-lhe que atravessasse as fases necessárias ao crescimento. Sabia, por experiência, o que era mesmo importante: uma postura flexível, um coração compreensivo, muito amor e a confiança tranqüila de que tudo acabaria bem.

Naturalmente, não são apenas os jovens à nossa volta que precisam dessa espécie de compreensão. Todos nos beneficiamos quando sabemos que os outros confiam em nós, nos respeitam e são capazes de ver nossas mudanças de conduta como sinais positivos de crescimento.

Lembre-se sempre de que você só não tem o direito de ser um indivíduo, você tem a obrigação de ser um.

ELEANOR ROOSEVELT

Todas as coisas que
não são expressas por
meio de palavras ou
estão "subentendidas"
entre duas pessoas,
no amor, podem ser
a origem de muitos
desentendimentos.

Coerção e amor

Ainda há pessoas que acreditam que o amor pode ser recebido ou retido por meio da coerção. Caminham por um labirinto de "deveres" e "obrigações" até nos sentirmos obrigados a amá-las em seus termos ou perdê-las. Sobrecarregam-nos de culpas e receios até que recuemos sob sua pressão. Muitas vezes conseguem o que querem. Prendem nossas asas, relegam-nos a uma prisão confortável onde nos dão migalhas de seu amor de acordo com seus caprichos e necessidades.

Thoreau sugeria que os pássaros nunca cantam em gaiolas. Nem os seres humanos. Nascemos livres e temos o direito de amar sem coerção e sem restrições. Qualquer outra possibilidade é uma imitação, se não uma distorção, do amor.

Ninguém jamais obteve à força o amor de outra pessoa, e nunca conseguirá. O amor liberta e nos libera para vivermos plenamente sem medo e sem a necessidade constante de nos adaptarmos às exigências de outra pessoa.

A coerção nos esgota. O amor nos permite movermo-nos consciente e resolutamente rumo a uma maior liberdade.

Para desfrutarmos da liberdade temos de ter controle sobre nós mesmos.

VIRGINIA WOOLF

O amor precisa de estímulo

O estímulo saudável, diligente e positivo é bem mais eficaz do que a crítica habitual que gratuitamente oferecemos a quem amamos. Os comentários depreciativos, as acusações aviltantes e as queixas mesquinhas recebem atenção, mas muitas vezes a alto preço.

Há pouco tempo, ouvi uma mãe repreendendo o filho num supermercado. "Olhe o que você está fazendo, estúpido!", disse ela. "Você é tão desajeitado. Nunca consegue fazer nada certo." Fico a me perguntar sobre o efeito cumulativo ao ouvirmos constantemente esse tipo de mensagem.

Todos temos um certo nível de nobreza e reagimos positivamente ao sermos tratados com respeito. Uma palavra de encorajamento no momento certo pode operar prodígios. Frases como "Você vai conseguir!", "Que bom para você!", "Mas está muito bem-feito!", "Me orgulho de você!" têm o poder de nos alimentar e nos fazer vicejar. Podemos sempre crescer, nos tornarmos mais, irmos além. O encorajamento delicado fomenta a confiança e promove o crescimento. As críticas negativas destroem e, no decorrer do tempo, reforçam os mesmos atos negativos que tentam corrigir.

Muitas pessoas perdem uma bolsa de prata porque esperavam encontrar uma de ouro.

Maurice Setter

Celebrando nossas diferenças

Cada um de nós tem na vida um temperamento e um estilo únicos. E são essas nossas contribuições especiais ao mundo. Como seria monótono se todos nos expressássemos de modo semelhante e previsível. A diferença é o tempero do comportamento humano que nos torna tão fascinantes.

Alguns de nós investem ousadamente na vida assumindo riscos; outros optam por não correr riscos. Alguns são ávidos pelas relações sociais; outros preferem a solidão. Alguns são espontâneos, outros planejam mais a vida. Há os que enfrentam o dia-a-dia com entusiasmo, outros são cautelosos. Há os perfeccionistas, há também os que não ligam para a perfeição. No amor, tomamos perfeita consciência dessas diferenças e cuidamos para não impor nossos valores aos que têm comportamentos diferentes.

Nosso amor abre espaço para todos. Na medida em que permanecemos abertos às diferenças, enriquecemos de forma constante. Há tantos enfoques à vida quantas pessoas existem neste mundo. Quanto maior número de enfoques entendermos e aceitarmos, tanto mais pleno e adorável nosso amor se torna.

Os franceses dizem: "*Vive la différence.*" Pois a frase encontra eco no amor.

É possível sermos diferentes e ainda estarmos certos.

ANNE WILSON SCHAEF

Amar e começar de novo

A essência da vida é a renovação. Quando estamos verdadeiramente vivos, renascemos a cada dia. Sequer podemos assimilar o fato mais insignificante sem sermos afetados pela experiência. Cada minuto nos oferece uma possibilidade de renovação e de descoberta; de percepção e realização; de novas oportunidades para amarmos e ser amados.

Passamos a maior parte da vida entre as mesmas pessoas dia após dia. Superficialmente, parecem imutáveis e não nos ocorre que talvez por debaixo da superfície esteja ocorrendo todo um mundo de transformações, sem que seja percebido e apreciado.

Mesmo quando resistimos à transformação, diz-se que, no momento em que nascemos, já estamos indo rumo ao caminho inevitável da morte. Não é segredo que nosso corpo sofre transformações dramáticas. Também deveríamos aceitar que nossos pensamentos, gostos, opiniões, crenças e sonhos sofrem transformações diárias.

As pessoas que se amam sabem que nunca podem presumir nada sobre aqueles que amam. Têm de permitir que cada um, cada objeto, cada dia, cada momento, conte sua própria história. Sabem que os sentidos podem traí-las, mas que, através do amor, são estimuladas a aceitar uma vida inteira de novos começos.

As pessoas mudam e não dizem a ninguém.

Lillian Hellman

Amor e paciência

Nada alimenta mais o amor do que a paciência. É aquela qualidade que nos permite esperar, compreender, e ter esperança. Às vezes, parece que tudo isso está esquecido num mundo em que tudo anda para a frente e depressa.

A paciência denota serenidade pessoal e reflexão diante dos desapontamentos e dos fracassos. Todavia, queremos ação, queremos soluções, queremos respostas. E queremos de uma vez. Essa filosofia tem sido responsável por muitos julgamentos apressados, que têm causado grande sofrimento e desespero desnecessários.

No amor, as respostas mais vitais levam tempo para serem descobertas, tempo que é amparado pela esperança e pela ausência de pressões. Muitos de nossos problemas não passam de sombras silenciosas que muitas vezes desaparecem à luz da paciência. As pessoas que sabem amar e amam durante todo o tempo aprenderam a aceitar tanto as épocas de dificuldade como os momentos de sublime alegria.

A maior recompensa da paciência é um amor que perdura.

A maneira de amar qualquer coisa é percebendo que poderia ser perdida.

G.K. CHESTERTON

Concentrar-se nas possibilidades

As pessoas que se amam sempre se afastam da negatividade para a beleza, a bondade e a alegria. Embora tenham ciência do lado sombrio da vida, evitam gravitar a seu redor. A obsessão com o que está errado no mundo garante nossa cegueira ao que é bom e correto. Por outro lado, as soluções tornam-se mais visíveis à luz das possibilidades.

A beleza e a bondade são forças superiores contra a feiúra e o mal. As pessoas negativas buscam (e sempre encontram) pela confirmação do negativo, assim como as pessoas positivas buscam e encontram a leveza do ser. Ambas existem. Ambas são reais e sempre estarão conosco. A diferença é tão elementar quanto uma decisão, e tão simples quanto abrir os olhos.

O comportamento pró-social de toda a espécie, inclusive o altruísmo,
é tão normal e esperado que dificilmente o percebemos,
embora sejamos atingidos por sua ausência ou por seu oposto.
Crueldade é receber atenção, bondade, indignas de nota.

MORTON HUNT

A alegria de amar

Nosso primeiro amor é muitas vezes o ponto culminante de nossa vida. Ficamos muito preocupados em comer, em dormir bem, e nossos pensamentos estão tão repletos de amor que só conseguem agir racionalmente no que diz respeito ao amor. Sentimo-nos maravilhosamente aflitos, totalmente fora de controle. Tudo parece perfeito, excessivamente belo. Os dias são mágicos, cheios de ternura, risos e surpresas. E então, depois de algum tempo, nos esquecemos das mesmas coisas que tornavam o amor tão especial. Perguntamos a nós mesmos: "O que aconteceu com a alegria de amar?", "Como cheguei a ver o amor como diversão?", "Para onde foram as alegrias? Por que elas se desvaneceram?" A alegria e a diversão quase se evaporaram, retiraram-se em deferência às regras do bom senso do comportamento adulto. A impetuosidade e a espontaneidade tornaram-se acidentes da lógica e da responsabilidade.

O amor não é assim tão sério. A alegria de amar pode ser renovada quando estamos dispostos a transcender o previsível e voltamos a abraçar o raciocínio paradoxal e ilógico, tão essencial ao amor.

Permanecemos fiéis ao ideal do amor nunca permitindo-nos esquecer o riso, o humor e a surpresa, que eram parte integral da primeira experiência amorosa.

Ao tentarmos vencer, sentimos uma perda. A sensação de perda nos faz ver que somos um. Ao vermos que somos um, queremos brincar. Ao começarmos a brincar, abrimo-nos para o amor.

O. Fred Donaldson

A excelência é a
busca da perfeição,
não sua conquista.

Precisar é diferente de amar

Todos adoramos quando precisam de nós, mas poucos gostam de alguém que nos exige desesperadamente. Parte do amor encontra-se na alegria de estarmos com quem partilhamos nossa intimidade, que se importam conosco e que nos amparam mesmo quando estamos errados, confusos ou desanimados. A necessidade se torna neurótica, porém, quando os outros de nós se utilizam para se preencher ou se satisfazer. Nenhum de nós precisa assumir a responsabilidade por aqueles que se entregam totalmente a nós. O fardo é muito pesado.

Felizmente, o amor é a chave para a auto-satisfação. Só nos tornamos completos por esforço próprio. A necessidade neurótica subentende uma carência que só pode ser atendida por uma outra pessoa. Amar significa ficarmos sobre nossos próprios pés, contar com nós mesmos, trilhar nosso próprio caminho. Podemos, às vezes, precisar da ajuda dos outros, mas não podemos esperar que satisfaçam necessidades que só cabe a nós satisfazer.

Estar emocionalmente comprometido com alguém é muito difícil, mas ficar sozinho é impossível.

STEPHEN SONDHEIM

O amor está nas atitudes

O mais importante não é o que nos acontece, mas como reagimos ao que nos acontece. Temos muito pouco controle sobre o que outras pessoas dizem ou fazem, sobre as catástrofes que a natureza pode trazer ou sobre o fato de que vamos envelhecer e morrer. Mas temos todo o controle do mundo sobre como reagir a esses fatos.

Deveríamos todos assumir plena responsabilidade por nossas convicções, atitudes e comportamentos. A ingratidão, por exemplo, não é um ardil que a natureza nos preparou. É uma postura que assumimos por decisão consciente, afastando o amor. Muitas vezes, é mais fácil nos vermos como vítimas de um destino cruel do que aceitarmos nossa parte no problema. Mas não está certo nem é proveitoso trazer o amor de volta à nossa vida para ignorar que fomos pelo menos em parte responsáveis.

Há um ditado *zen* que diz:

Meu celeiro foi destruído pelo fogo,
agora posso ver a lua.

Terá sido a destruição do celeiro uma catástrofe ou uma vantagem? Certo estará você se pensar que está certo.

Não há nada de bom ou de mau; é o pensamento que assim vê.

WILLIAM SHAKESPEARE

O amor é imortal

A morte é o que, no fim, iguala a todos nós, reduzindo-nos todos a um destino comum. O que nos distinguirá serão as lembranças que deixamos para trás.

Senti-me profundamente tocado pelo que disse um de meus sobrinhos depois da morte de meu pai. Disse simplesmente, mas com determinação: "Vovô está morto. Eu não vou deixar ele morrer!"

Talvez isso tenha vindo da boca de um bebê, mas é uma grande verdade. Enquanto houver alguém que nos ame, permaneceremos vivos. As lembranças nos tornam imortais. Na verdade, o amor sempre dura mais que as lembranças.

Viver no coração de quem deixamos para trás não é morrer.

THOMAS CAMPBELL

Para que se faça sentir o amor

A maioria das pessoas leva uma vida calma, sem alarde, ao passarem por este mundo. Para a maioria, ao desfilar por uma avenida, não serão jogados papéis picados do alto dos edifícios, nem monumentos serão erguidos em sua honra. Mas isso não diminuiu nosso possível impacto sobre o mundo, pois há centenas de pessoas esperando por alguém exatamente como nós; pessoas que admirarão nossa compaixão, nosso encorajamento, que precisarão de nossos singulares talentos. Alguém que viverá uma vida mais feliz só porque dedicamos tempo suficiente para que partilhassem do que tínhamos para dar.

Com muita freqüência, subestimamos a força de um carinho, de um sorriso, de uma palavra amiga, de um ouvido atento, de um elogio sincero, ou do menor gesto de afeto, embora todos sejam capazes de fazer uma vida mudar de rumo. Ficamos impressionados ao considerarmos as constantes oportunidades existentes para que se faça sentir o nosso amor.

Prestar auxílio a alguém não é uma grande coisa.
É um milhão de pequenas coisas.

ANÔNIMO

A consciência de nossos papéis mutantes

Quando eu ainda era pequeno, os papéis sexuais, em detrimento de ambos, eram claramente delineados. O homem era o agressor, o provedor, o protetor, o insensível. A mulher era mais submissa e complacente, embora fosse a mãe nutridora. Qualquer desvio desses papéis nitidamente definidos nos colocava em solo perigoso.

Poucos questionavam tais papéis, embora alguns se sentissem pouco à vontade neles. Tão claramente eram definidos e de tal forma aceitos que até mesmo os testes psicológicos eram construídos a partir de preconceitos como esses. Os homens não deveriam gostar de ópera ou de balé, nem mesmo de um bom livro, e as mulheres não tinham de manifestar interesse por levantamento de peso, basquete ou competições financeiras.

Não é de surpreender que esses conceitos ultrajantes e obsoletos não tenham resistido à visão mais crítica de uma sociedade mais esclarecida. Quanto mais são analisados, tanto mais inverossímeis parecem. Por que não deveria um homem chorar, cozinhar, gostar de ópera? Por que não deveria uma mulher ser o principal provedor, levantar pesos e adorar basquete?

O amor não considera os papéis. Incentiva homens e mulheres a descobrirem suas necessidades naturais, a encontrarem seu verdadeiro eu, e a exprimirem sua singularidade como seres humanos. A partir daí, todos se beneficiam, não só por terem mais liberdade, mas também pelo orgulho de terem um amor mais esclarecido.

A maior descoberta de minha geração é a de que os seres humanos podem modificar a vida modificando sua mentalidade.

WILLIAM JAMES

Os que acham
que conhecem tudo
não têm como
descobrir que não
conhecem tudo.

Você é o que você faz

Se todos os que se propõem a amar entrassem em ação, este seria um mundo muito melhor. Diz um velho ditado que se quisermos de fato conhecer alguém, devemos estar menos preocupados com o que dizem e mais alertas ao que fazem. Por isso é que amar é um verbo. O que acontece dentro de nós é revelado pelo que fazemos no exterior.

Se amamos de verdade, como fazer para demonstrá-lo? Se nos importamos de fato com nossa família, nossos filhos, como manifestar isso? Se de fato estamos preocupados com a fome, a pobreza, a solidão, a violência no mundo, como demonstrar essa preocupação? Se não houver evidência tangível de nosso amor em ação, então é duvidoso que alguém nos ame.

Certa vez me sentei ao lado de um homem num avião que ficou se queixando e se lamentando durante toda a travessia do continente. As aeromoças eram inúteis, a comida era terrível, o assento era apertado, o filme não prestava. Depois começou a se queixar de questões bem maiores: o governo era corrupto, a sociedade definhava, as pessoas não eram de confiança, e assim por diante. Durante nossa conversa, mencionei que meu interesse era o estudo e o desenvolvimento do amor entre as pessoas. E ele, bruscamente: "Fantástico! O que o mundo precisa é de mais amor", assegurou-me. Então, sem nenhuma pausa, acrescentou: "É bom saber que ainda existem pessoas como você e como eu que entendem isso."

Pelos seus frutos os conhecereis.

MATEUS 7:16

Os erros que cometemos

Alguns se sentem paralisados diante da possibilidade de cometer um erro. Agimos como se nossos erros fossem aquarelas, que, uma vez pinceladas, marcam de forma indelével o papel, sem qualquer possibilidade de serem corrigidas. Com essa tendência, transformamos inclusive decisões insignificantes em experiências traumáticas. Por fim, essas pessoas regidas pela inatividade e indecisão acabam tendo de levar a vida em constante agonia sem vivê-la.

Por outro lado, há os que vêem os erros como oportunidades. Ao cometerem erros, não ficam suspensos em agonia, nem deixam de confiar em si mesmos.

Pode ser reconfortante reparar que todos, por mais sábios ou sensíveis, cometem erros, e o que é mais importante, provavelmente continuarão a cometê-los. Assim, por que não relaxar, aceitar as próprias imperfeições e se juntar à espécie humana?

Passar uma vida a cometer erros não só é mais louvável, mas também mais útil do que uma vida que se viveu sem fazer nada.

GEORGE BERNARD SHAW

Respeitando a si próprio

Quando temos um justo respeito por nós mesmos, não há limite para o que podemos fazer com êxito. Quando acreditamos que tudo é possível para nós, as conquistas tornam-se naturais.

Ninguém sabe melhor do que nós o que é essencial para nosso crescimento e nossa felicidade. Os que dirigem a própria vida não dependem de duendes fantásticos ou da conjunção favorável dos planetas. Empregam o conhecimento, a experiência, o trabalho duro, a crença em si mesmos e o otimismo para atingir seus objetivos.

Não há barreiras para nossos sonhos enquanto acreditarmos em nós mesmos como a origem de nossa própria felicidade. Estaremos a caminho de conseguirmos o que queremos quando começarmos a acreditar que podemos consegui-lo, nunca antes disso.

Se você pensar que é capaz ou se pensar que não é capaz, está certo.

HENRY FORD

Sobrevivendo aos conflitos

Somos muitas vezes mais hábeis em manipular os conflitos que balançam o mundo do que os conflitos menores e mais simples de natureza interpessoal. Quando nossa vida parece repleta de contradições e de frustrações, com freqüência nos vemos lamentavelmente despreparados para encontrar soluções. Queremos ser guiados pela razão, mas não é raro sermos dominados pelas paixões, o que resulta numa contínua batalha contra nós mesmos — uma que nunca acaba numa vitória decisiva.

Nada mais somos do que escravos de nossos sentimentos até aprendermos a melhor compreendê-los e controlá-los. Os sentimentos desprovidos da razão só dão origem à confusão e à desordem.

Não é preciso a toda hora nos desculparmos pelo que sentimos. O amor nasce dos sentimentos, mas é nutrido pelo intelecto. Quando equilibrados, esses dois ingredientes essenciais vão assegurar nosso crescimento no amor e também sua sobrevivência.

A cabeça nunca governa o coração, apenas se transforma em sua cúmplice no crime.

MIGNON MCLAUGHLIN

Amor e cooperação

Precisamos uns dos outros. Não podemos ter êxito sozinhos. O que há de bom em termos sucesso se não houver ninguém para reconhecê-lo ou comemorá-lo conosco?

Precisamos do apoio de quem amamos, e eles precisam de nós. Levamos uma vida melhor, mais saudável e mais longa trabalhando juntos do que trabalhando sozinhos. A completa auto-suficiência é uma ilusão egoísta. Há muito mais força na cooperação. Ao buscarmos o que o outro precisa, podemos determinar como podemos melhor ajudá-lo. Nesse processo, estamos certos em descobrir que é impossível melhorar a vida dos outros sem nos beneficiarmos.

Andar juntos é um começo. Manter-se juntos é um progresso.
Trabalhar juntos é um sucesso.

ANÔNIMO

O amor é o prêmio dos fortes

É preciso muita coragem para amar. Embora muitas vezes seja percebido como um ato sem qualquer esforço, qualquer pessoa que já amou defenderia que é exatamente o contrário. Pela própria natureza, o amor requer que corramos o risco da rejeição, que superemos barreiras de resistência, que vençamos nossas fraquezas e que utilizemos plenamente nossos recursos. Se formos rejeitados, precisaremos de coragem para nos erguermos e tentarmos novamente. Se somos magoados, precisamos ter a confiança de que sairemos curados. Se formos abandonados, precisamos reunir forças para que prevaleça a dignidade humana.

Com coragem para enfrentar qualquer estorvo que possamos encontrar ao longo do caminho, tornamo-nos mais do que meros "re-agentes" perante nossas vidas; nos tornamos os verdadeiros agentes que determinam o seu curso de ação.

Você não tem como escolher de que modo vai morrer, ou quando. Você só pode decidir de que modo vai viver. Agora.

JOAN BAEZ

Sucesso no amor

Não há sucesso instantâneo no amor. Como qualquer outro sucesso na vida, só pode ser determinado depois de ocorrido. Certamente o sucesso vem gradualmente, um passo de cada vez, cada movimento servindo para ampliar o seguinte, cada progresso ou fracasso servindo de preparo para o que há de vir.

Embora os relacionamentos possam ser concebidos no céu, por certo têm de ser colocados em prática na terra. Exigem esforço determinado e um compromisso total para sobreviver aos momentos de indiferença e de negligência. Crescem quando duas pessoas se movimentam juntas no amor e não deixam de evoluir, mesmo em ocasiões em que a direção parece incerta.

Só quando olhamos para trás podemos contar a verdadeira história do amor, embora estejamos criando essa história ano a ano, mês a mês, dia a dia, hora a hora, já!

Se você quer que o presente e o futuro sejam diferentes do passado, diz-nos Spinoza, estude o passado, descubra as causas que o fizeram ser como foi e traga à baila causas diferentes.

WILL E ARIEL DURANT

Amor e lágrimas

Sempre é revigorante quando a ciência consegue confirmar alguma coisa de que, por instinto, suspeitávamos. Não faz muito tempo, por exemplo, li uma pesquisa sobre o choro em adultos. Indicava que as lágrimas da emoção contêm uma das substâncias químicas cerebrais que, sabidamente, são atenuantes da dor e, portanto, devem ser produzidas em períodos de dor e sofrimento.

Como todos sabemos, quando estamos em meio a provações, pouco alento encontramos em expressões como "Isso também há de passar", ou quando nos dizem para não perdermos o ânimo, ou que o amor há de acabar intervindo e nos há de curar. Nesse meio-tempo, não há nada mais gratificante, e mais curativo, do que chorar.

Os que não sabem chorar com todo o coração, também não sabem rir.

GOLDA MEIR

A idéia de que poderia
haver um momento
melhor ou mais
conveniente para amar
tem custado a muita
gente uma vida inteira
de arrependimento.

A face do amor

Se você está sempre preocupado em não encontrar as palavras certas, pode mesmo assim criar coragem. O psicólogo Albert Fehrabian diz-nos que a comunicação divide-se em 7% verbal, 30% vocal e 50% facial. As palavras que usamos, sugere ele, dizem menos que nossas expressões faciais.

Lembro-me, vividamente, de ler o rosto dos meus pais quando ainda pequeno, por questão de sobrevivência. Meu pai tinha um certo sorriso que se transformava num brilho de satisfação inconfundível, impossível de não se compreender. O cenho franzido e as pálpebras abaixadas também nos dizia, de forma inequívoca, para tomarmos cuidado. Minha mãe tinha uma forma de virar os olhos para cima e de balançar a cabeça de um lado para o outro que nos dizia definitivamente que era hora de ficarmos quietos. Os dois, por certo, também tinham uma forma maravilhosa de demonstrar seu amor, da qual ainda me lembro quando me recordo de seus rostos.

É uma boa idéia darmos alguma atenção ao que nosso rosto reflete quando dizemos ou pensamos em alguma coisa. Sempre pergunto aos meus amigos como estão quando os cumprimento. Muitas vezes me respondem "Tudo bem!" com aspecto severo. Então fico a me perguntar: "Ora, por que você não diz isso para o seu rosto?"

O mundo é um espelho que retorna a todo homem a imagem de seu rosto.

WILLIAM THACKERAY

Um presente de amor

O amor é sempre dado como um presente — gratuitamente, espontaneamente, sem expectativas. É oferecido mesmo quando não o reconhecemos ou o apreciamos. Não amamos para ser amados, amamos por amar.

O que quer fazer o bem, bate à porta.
O que ama, encontra a porta aberta.

RABINDRANATH TAGORE

Educando-se para o amor

Recentemente ouvi um educador profissional falar sobre os males da educação. Dirigia suas observações para adultos jovens e falava do desafio que teriam para atender às exigências do amanhã. O que disse fazia sentido, mas deixava um quadro incompleto, e por isso me senti frustrado e triste. Afirmou que o conhecimento duplicava a cada três anos e que os educadores eram incapazes de enfrentar esse desafio. Lamentavelmente, esqueceu-se de dizer que os adultos de amanhã, mais do que nunca, terão necessidade de aprender como se tornar seres humanos amorosos. Nada falou sobre a necessidade de cultivarem a sensibilidade, a responsabilidade, o respeito perante as outras pessoas e o meio ambiente.

Pareceu-me que, se o nosso conhecimento se desatualiza tão depressa, grande parte dele deve ser transitória. Talvez devêssemos dizer a nossos filhos que nem todo o conhecimento se torna obsoleto da noite para o dia; que existem verdades que transcendem os livros e as convicções em constantes transformações. Sem dúvida, ensinar sobre os progressos tecnológicos mais recentes e sobre como sermos bem-sucedidos não impede que também ensinemos sobre o senso de bondade, de delicadeza, de desprendimento, de afeto, de espiritualidade e de amor. Essas permanecem nossas verdades constantes, essenciais à sobrevivência humana, ao lado do êxito técnico, mesmo no ritmo acelerado do mundo atual.

Que não sejamos uma geração lembrada pela história futura como destruidora da herança insubstituível da vida formada durante milhões e milhões de anos no passado.

CHARLES A. LINDBERGH

Um seguro para o amor

Fiquei sabendo da história de uma esposa que estava determinada a retornar para o marido negligente. Sentia-se ignorada, enganada e traída. Como não era de sua natureza manifestar a frustração de forma direta e viciosa, decidiu derramar sobre o marido um excesso de afeição e de elogios, matá-lo através da bondade e do amor.

O seu plano teve efeitos surpreendentes. Logo tornou-se aparente que o casamento adquiriu uma aura diferente. Em decorrência das novas e inesperadas manifestações de carinho, o marido começou a retribuir na mesma moeda. De repente, descobriram algo que haviam perdido durante o relacionamento — a persistente garantia do amor.

O amor sempre se manifesta mais por meio de demonstrações contínuas.

A delicadeza nas palavras gera a confiança. A delicadeza no pensamento cria a profundidade. A delicadeza no dar gera o amor.

LAO-TZU

A delicadeza e o amor

Tomás de Aquino, que sabia muito sobre delicadeza, certa vez disse que quando você quiser converter alguém e fazê-lo ver o mundo a partir da sua perspectiva, vá até ele, pegue-o pela mão e guie-o. Você não fica parado a certa distância a gritar-lhe; você não o xinga e exige que venha até onde você está. Você precisa começar de onde ele está. Esse é o melhor caminho, nos assegura, para fazê-lo repensar seu ponto de vista e talvez mudar de opinião.

Embora seja verdade que a maioria das pessoas respeita a força, nem sempre a associa à delicadeza. Mas é sempre da força que advém a delicadeza. É sempre da força que aprendemos a não condenar as fraquezas, o medo ou o rancor. A força encoraja-nos a sermos empáticos, a sermos mais flexíveis e a fazer concessões. Se de fato desejamos trazer alguém para junto de nosso pensamento e nosso coração, um pouco de delicadeza é um atrativo poderoso.

Não use um machado para remover uma mosca da testa de seu amigo.

PROVÉRBIO CHINÊS

As concessões no amor

Antes de entrarmos num relacionamento convém nos perguntarmos o quanto estamos dispostos a nos comprometer. Se nos sentimos completamente integrados como indivíduos, sem vontade de nos adaptarmos, talvez evitássemos muita infelicidade prosseguindo sozinhos.

Nunca entendi o valor de provarmos nosso brilhantismo, se para isso tivermos de magoar ou ferir o ser amado. Por que é tão importante que nos mantenhamos firmes em nossas convicções quando elas constantemente ameaçam o relacionamento que prezamos? Será tão necessário sempre estarmos certos se vivemos a todo instante causando ressentimento e má vontade?

Naturalmente, deve haver algumas limitações para nossa flexibilidade e nossa disposição em nos comprometermos. Mas dificilmente nos pedem para cedermos no que realmente é essencial para nós mesmos. Um pouco dc consideração é sobretudo o que a maioria das pessoas precisa de nós. Para isso, precisamos saber quando agir ou não, quando falar o que pensamos ou quando ficar em silêncio, quando ceder e quando nos mantermos firmes, quando definir os limites ou estendê-los. Adquirimos a sabedoria no amor quando atingimos um equilíbrio entre nossa disposição em fazer concessões e nosso conhecimento do ponto a que podemos ir sem nos magoarmos e aos outros nesse processo.

Dá-se uma ênfase excessiva à vitória. A única ocasião em que é realmente importante é na cirurgia e na guerra.

AL MCGUIRE

Um ambiente de amor

Se fôssemos sábios, lutaríamos para criar nosso ambiente de amor. Contentamo-nos quando a paixão não obscurece a afeição; quando as necessidades físicas não são mais importantes do que as emocionais. As diferenças são aí celebradas, não apenas toleradas, e o respeito cresce, jamais diminui. Eis aí um lugar onde tudo de fato se partilha e não há indiferença. Esse ambiente de amor nos encoraja quando nada mais nos encoraja, quando nada mais nos nutre.

O homem molda a si mesmo pelas decisões com que molda o ambiente.

RENÉ DUBOIS

Amor e liberdade

A liberdade envolve escolha, responsabilidade e compromisso. Por isso, não nos vem de graça. Sempre tem seu preço. Não podemos amar sem abrir mão de alguma coisa. Há quem aí veja uma espécie de escravidão, de renúncia à liberdade. Mas quando amamos, amamos por nossa livre vontade, com compromisso pessoal. Quando nos damos, nos libertamos da absorção em nós mesmos: quanto mais nos damos, mais livres nos tornamos.

A liberdade nada mais é do que uma oportunidade para sermos melhores.

ALBERT CAMUS

É quando menos pedimos amor e começamos a doar mais que o segredo do amor humano nos é revelado.

Medo de amar

O medo: um dos maiores obstáculos ao amor. Às vezes, nos acovarda, a todos nós. E o receio nos faz enveredar pela trilha segura, a nos esquivarmos do compromisso, a nos escondermos de nós mesmos e dos outros. E lá, em nosso refúgio seguro, nos isolamos justo das coisas que dão alegria e significado à vida.

Confrontar o medo não significa recuar ante o envolvimento, não mais do que desenvolver uma couraça exterior, impermeável ao sofrimento. Ao permitirmos que o medo determine o curso de nossa vida, estamos ouvindo só a uma das nossas vozes interiores. Outras também merecem ser ouvidas. Uma delas nos diz que o pior a enfrentar é uma vida privada de amor. Sempre que o amor existe e é bastante forte, a apreensão, o desapontamento e o medo são reduzidos a nada.

Nada na vida é para ser temido. Só para ser compreendido.

MARIE CURIE

Não formule juízos hoje em função das lembranças de ontem

Há muito pouca dúvida de que sejamos sobretudo um produto de nossas lembranças. Se não temos plena consciência disso, as experiências passadas encontram um meio de nos envolverem, tecendo uma teia que limita nossa visão atual da vida. Antes de sermos, fomos, e é por esta razão que as novas idéias são filtradas pelas convicções passadas. Quando tentamos descobrir o que é, nos vemos atolados no que era.

Mas há esperança. Ninguém é permanentemente predeterminado, pré-programado. Temos a capacidade de assimilar novas experiências. Para isso, porém, precisamos lutar contra as reminiscências e atenuar a força com que se apresentam. A menos que queiramos que o futuro não passe de uma nova impressão do passado, precisamos nos conscientizar da força desse passado que tanto interfere em nosso comportamento. Só então estaremos livres para criar nosso futuro.

Nossa memória é um monstro; você esquece... ela não. A tudo arquiva.
E a tudo preserva ou esconde... E o obriga a lembrar à revelia,
como se tivesse vontade própria. Você pensa que possui
uma memória, mas é ela que o possui!

John Irving

O prazer do amor

Se nos permitimos amar tanto é porque sabemos que o resultado final é extremamente prazeroso. Com efeito, talvez não consigamos imaginar outra emoção tão plena e tão gratificante.

É quando nos apaixonamos que vivenciamos nossos sentimentos mais profundos de alegria e paz, nossa maior segurança e o conhecimento mais profundo da magia da identidade. O amor é reforçado pela promessa desses prazeres, e continuamos a amar por antecipação.

Se ocorre algum problema, há de surgir do fato de termos aprendido a desconfiar do prazer. Aprendemos que é uma ilusão, que é até pecaminoso. Sentimos culpa, muitas vezes, ao experimentá-lo, não obstante ser ele o maior motivador para nossa contínua busca do amor. O prazer é a doce recompensa do amor.

O homem, diversamente dos animais, nunca aprendeu que a única finalidade da vida é desfrutá-la.

SAMUEL BUTLER

Amor e oportunidade

Se estamos carentes de amor, é porque não soubemos defini-lo de maneira ampla. Felizmente, a oportunidade sempre bate mais de uma vez à porta quando vem o amor. Senão, lamentaríamos muito — como pessoas sem amor.

O amor é persistente. Continua a bater à porta. A nos oferecer seu abraço (e ser abraçado) e a partilhar sua magia. Só exige que estejamos receptivos. Há oportunidades para o amor em todos os nossos gestos, em todos os nossos atos.

Muitas vezes perdemos a oportunidade de amar porque o amor assume muitos disfarces, passando irreconhecível por nós nesse ou naquele momento. Nossos mitos e contos de fadas estão cheios de tais exemplos, e nos colocam questões, tais como: Você beijaria um sapo? Se dirigiria a velhos e barulhentos anões? Arriscaria sair em busca do arco-íris? Duelaria com dragões? Daria a volta ao mundo?

Naturalmente, há oportunidades menos exóticas que se nos apresentam no dia-a-dia. Estamos livres para aproveitá-las ou não, à nossa escolha. Mas os que choram por sempre procurarem o amor no lugar errado, fariam melhor se parassem de chorar e tentassem abrir um pouco mais os olhos.

Segure firme os sonhos, pois se os sonhos morrerem, a vida será como um pássaro caído, uma asa quebrada, sem conseguir alçar vôo.

LANGSTON HUGHES

O planejamento para o amor

É uma noção maravilhosa e romântica a de que o amor prospera no acaso e na espontaneidade. Até certo ponto, isso é verdadeiro. E é de se esperar que o acaso e a espontaneidade sempre façam parte de um relacionamento amoroso. Mas não há mal em colocarmos alguma ordem também em nossa vida conjunta. Não custa, logo ao início de um relacionamento, planejar para fomentá-lo, antever ao menos aquelas coisas que, sabemos, precisamos evitar para que não o diminuam.

Na realidade, parte da alegria do amor está em sonharmos juntos o futuro. Não quer isso dizer que tenhamos de estabelecer metas rígidas e planos inalteráveis. Pelo contrário, insinua que deixemos o amanhã chegar à consciência, considerando-o hoje.

Em *Cândido*, Voltaire faz o herói e a heroína planejarem juntos seu futuro amoroso. São por demais egocêntricos ao ouvirem um ao outro. Ela sonha com pérolas, anéis de rubi, palácios com piscinas de mármore. Já ele sonha em levar uma vida simples com alguns hectares de terra, um porco, uma vaca, uma horta. Ambos esperam, de forma bastante irreal, que o amor supere as diferenças.

Preparar-se para uma vida em comum significa mais do que duas pessoas que se amam perdidas nos braços uma da outra a deixar seu futuro glorioso entregue aos céus. O planejamento não exclui a alegria e a surpresa — pelo contrário, abre caminho para elas.

Planejar é trazer o futuro ao presente para que se possa fazer alguma coisa a respeito.

ALAN LAKEIN

Uma atmosfera de amor

Uma professora amiga, muito criativa e habilidosa, descobriu que grandes mudanças ocorriam com seus pequenos alunos quando dedicava tempo suficiente, dia após dia, para ressaltar pontos positivos em cada um deles. Além disso, uma vez por semana, também dedicava algum tempo para que "partilhassem de coisas belas". Consistia em pedir a cada criança que fizesse um elogio a alguém. Tornou-se uma atividade bastante apreciada em decorrência da atmosfera positiva que criava — um ambiente que era refletido na maior dignidade pessoal de cada aluno.

Na verdade, é preciso muito pouco para fazermos as pessoas felizes ou elevarmos o seu amor-próprio, a sua autoestima. Basta um coração educado e um pouco de bondade, misturados com sinceridade e estilo.

O princípio mais profundo da natureza humana
é a ânsia por ser apreciada.

WILLIAM JAMES

Segurança e amor

Todo mundo gostaria de ter uma garantia de que o amor durasse para sempre. Para isso fazemos um voto quando nos casamos, declarando nosso amor imortal em público. Costumava-se pensar que todos deveriam se apaixonar para sempre. Mas só há uma certeza: haverá mudanças. Sejam dramáticas, sejam sutis, é só com elas que podemos — e devemos — contar.

Como sabemos que o amor não oferece garantias, a única segurança a que temos acesso é a de que ele é dinâmico e crescerá ou morrerá, dependendo de como for nutrido. A segurança está na aceitação dessa natureza mutante. Sabendo isso, nada temos a temer.

Só no crescimento, na reforma e na transformação, misterioso paradoxo, é que encontramos a verdadeira segurança.

ANNE MORROW LINDBERGH

O amor não é um
esporte competitivo.

Amor e compreensão

O amor seria simplificado se tudo em que acreditássemos fosse verdade e se a realidade se conformasse à nossa percepção. Mas a nossa percepção não vê o real. Vemos o que estamos preparados para ver e acreditamos no que queremos acreditar. De certo modo, somos escravos do que já somos.

Compreender no amor significa afrouxar as expectativas e as percepções de forma que as evidências da verdade se manifestem. Significa livrar-se dos estereótipos e dos preconceitos rígidos e abrir-se para novas experiências.

Quando dizemos que não gostamos de alguma coisa ou de alguém, costuma significar que somos incapazes de vê-los claramente. Vir a compreender melhor é um processo lento, doloroso, embora sejam grandes as recompensas. Podemos descobrir que, embora possa ser doloroso aprender coisas novas e mudar nossas velhas convicções, é bem mais penoso e custoso a longo prazo permanecermos estáticos e antipáticos.

A tolerância é o esforço positivo e cordial para entendermos as convicções, as atitudes e os hábitos alheios sem necessariamente deles partilhar ou aceitá-los.

JOSHUA LIEBMAN

Tempo para amar

O tempo é um fenômeno estranho. É o grande nivelador, tão democrático, tão definitivo. É o que de mais valioso possuímos. Ninguém pode roubá-lo de nós sem nossa permissão. Move-se constantemente, e não podemos detê-lo. Muitas vezes descuidamos de cada momento, já que o tempo do amanhã está à nossa espera.

A questão é: quanto tempo estamos dispostos a dedicar ao amor? A resposta dependerá decerto de quanto valor damos ao amor.

É bom lembrar que o amor, como o tempo, não espera por ninguém.

Sempre temos tempo suficiente, quando o usamos corretamente.

JOHANN WOLFGANG VON GOETHE

O amor lucra com o senso de humor

Fora um daqueles dias longos, desgastantes, em que se reunir com os amigos mais parece uma obrigação do que um deleite de renovação. Quando chegamos para jantar, os anfitriões me perguntaram se eu não gostaria de ir até o andar de cima da casa ler uma história para sua filhinha de quatro anos. Eu era seu "tio" preferido. A perspectiva não me fez vibrar de emoção, mas não sei desapontar uma criança.

O livro que a pequena Carolyn me entregou era o seu preferido, que já lhe fora lido centenas de vezes. Mas para as crianças, a magia nunca envelhece. Era a história de uma abóbora que se transformava num automóvel e de seu passeio com os melhores amigos, uma lagartixa e uma coruja. Perambulavam sem destino pelo interior, a caminhar por campos cor-de-rosa e árvores de geléia esbarrando num semnúmero de personagens insólitos, que passavam a acompanhá-los ao longo do caminho. À medida que nós dois ríamos e ríamos dessa bobagem maravilhosa, não pude evitar de sentir que o mau humor acumulado durante o dia se desvanecia.

Lembrei-me da criancinha que gostamos de pensar que mora dentro de nós, e que às vezes precisa de alguns estímulos e persuasão para vir à tona e brincar, mesmo que seja por um breve momento, e fazer uma divertida viagem com uma abóbora, uma coruja e uma lagartixa.

Tentar dar sentido a esse mundo louco e maravilhoso por certo exige muita reflexão, consideração sóbria e perseverança, mas um pouco de alegria e de fantasia de vez em quando não faz mal a ninguém. O mundo não só lucra com o pouquinho de nossa sanidade mas também com o nosso pouquinho de loucura.

A sanidade é a loucura bem aproveitada.

GEORGE SANTAYANA

O amor precisa de solidão

Há um belo e sábio ditado que diz: "Deus fala principalmente por sussurros." Nosso ambiente costuma estar tão cheio de ruídos de fundo e de interferências que nos é difícil ficarmos a par dos sussurros de Deus.

Precisamos de tempo a sós para contemplarmos e meditarmos na vida, nos sentimentos, nos nossos pensamentos e sonhos mais íntimos. Não importa o quanto amamos ou o quanto desfrutemos da companhia dos que amamos, a solidão é essencial para que tenhamos esperança de prosseguir no amor.

Meu pai e minha mãe tinham um modo incrível de fugir da tagarelice interminável dos filhos. Toda noite, ao ajudarmos nas tarefas domésticas — lavando pratos, limpando o chão da cozinha, jogando o lixo fora, saíam a perambular pela noite para uma caminhada de uma hora. Embora todos quiséssemos acompanhá-los, era essa a hora de que dispunham para ficar a sós. Quando lhes perguntávamos o que faziam durante o passeio, nos asseguravam de que não faziam nada. Apenas caminhavam, olhavam o céu estrelado, desfrutavam do silêncio e do prazer da companhia mútua. Parecia-nos loucura! Por que alguém gostaria de passar uma hora contando as estrelas?

Isso foi há muitos anos. Para a sensibilidade da criança era difícil imaginar a necessidade de passar algum tempo a sós, no silêncio. Não sei dizer quantas estrelas contei desde então. Meu desejo por momentos de solidão nunca diminui.

Você vai encontrar aquele lugar silencioso bem na sua sala, no seu jardim ou na sua banheira.

ELIZABETH KÜBLER ROSS

Viver o amor no presente

É inútil remoer velhas preocupações e trazê-las para o presente, assim como é inútil temer o futuro. O que realmente importa é como vivemos o amor a cada momento. Mesmo sabendo disso, muitas vezes desperdiçamos tanta energia no que era, e no que será, que pouco tempo deixamos para o que é.

Uma jovem aluna minha aprendeu bem essa lição. Disse-me que se preocupava constantemente com o futuro de suas relações a ponto de ficar muito ansiosa e em necessidade de constante de tranqüilização. Percebia que seu comportamento não era sadio. Essa incerteza contínua na realidade afastava as pessoas. Quem quer estar com uma pessoa a toda hora aflita, a se atormentar? Decidiu relaxar. Parou de tudo analisar e começou a desfrutar do que lhe acontecia a cada momento. Depois que as pessoas aceitaram a mudança, tudo facilmente se encaixou no seu lugar.

Os que acreditam em si mesmos, e confiam no momento, são os que mais desfrutam a vida. Aprenderam que o passado é um lugar para guardar lembranças, não arrependimentos; que o futuro deve ser rico em promessas, não em apreensão. E o presente é tudo de que precisamos.

O passado não mais deve ser usado como uma bigorna
para fustigarmos o presente e o futuro.

PAUL-EMILE BORDUAS

A compaixão é um ato de tolerância em que reinam a bondade e o perdão. Quando fazemos uma escolha com compaixão, aumentamos a dignidade de cada ser humano, o que é a exata essência do amor.

O efeito cumulativo dos pequenos gestos

Todo ato tem suas conseqüências. Podemos não perceber sua importância, mas, de algum modo, cada evento contribui para um contexto maior, cujo significado só será revelado com o tempo. Se aceitarmos isso, podemos apreciar a importância dos gestos simples, aparentemente inconseqüentes, que realizamos sem pensar, das palavras que falamos sem ponderar e das esperanças que frustramos sem considerar.

Só o passado é imortal.

DELMORE SCHWARTZ

Para sermos nós mesmos

Parece que todo mundo sabe o que é melhor para nós. Ouvimos e acabamos descobrindo que muito do que ouvimos são conselhos. Somos ensinados, repreendidos, advertidos, recomendados. Dizem-nos o que devemos fazer com nossa vida, como devemos pensar e quais devem ser as nossas metas. Todos os dias encontramos pessoas que citam dados estatísticos impressionantes, tendências, estilos, provas, tudo a confirmar-lhes as idéias e a induzir-nos sua forma de pensar.

Há sempre algum valor em novas informações desde que (a) conheçamos a sua fonte, e (b) não confiemos automaticamente nas respostas de alguém como se servissem para nós.

Somos únicos, com necessidades e estilos próprios de viver, amar e aprender. A vida é nossa e devemos estar atentos a qualquer um que, por sedução, queira roubá-la de nós.

Não há uma forma única de amar. Há tantas expressões para o carinho, a admiração, e o crescimento quanto existem pessoas que já amaram.

Nossa felicidade está em nós. Às vezes precisamos de estímulo, ou de orientação especial, mas só até readquirirmos o equilíbrio e nos sentirmos encorajados para seguir nosso caminho.

A humilhação, a degradação é simplesmente o modo de viver do homem que se recusou a ser o que tinha de ser, por obrigação.

José Ortega y Gasset

Quando o amor perde o entusiasmo

Com o tempo começamos a contar despreocupadamente uns com os outros, caindo em rotinas previsíveis e transformando o que antes eram ações e atitudes provocadoras em posturas convencionais. Não que seja nossa falha, apenas é que o amor é por demais suscetível a isso.

Depois de anos de vida em comum, não raro vemos a novidade ser substituída pela previsibilidade. A espontaneidade dá lugar ao hábito e à rotina. Se antes era sempre fascinante, sempre uma aventura, estar com aquela pessoa especial, hoje o convívio parece mecânico e monótono. Felizmente, o amor é facilmente reacendido com um pouco de renovação e de surpresa.

Tenho uma amiga que é vista por muitos como excêntrica, mas descobriu formas especiais para manter o marido alerta e interessado. Está sempre sonhando com loucas aventuras que acrescentam tempero a suas vidas, ora o vem receber à porta com uma camisola sensual, ora o presenteia com passagens para um cruzeiro exótico. A reação inicial do marido é sempre de aborrecimento, mas em seguida é superada pela grande alegria de tudo aquilo. O relacionamento deles continua a prosperar. Para eles, a magia nunca se perde, ainda a estão criando.

Não seria este o verdadeiro sentimento romântico... não desejar escapar da vida, mas evitar que a vida escape de você?

THOMAS CLAYTON WOLFE

Amor é diversão

Será que já sentimos maior alegria ou júbilo do que quando estivemos apaixonados? A paixão nos torna mais vivos a cada momento, perante o mistério, a imprevisibilidade, com o sentimento grandioso mas divertido de que o mundo é um brinquedo.

Na verdade, o amor aprofunda nosso senso de humor. Faz-nos capaz de rir do mundo e do comportamento humano, sobretudo do nosso próprio. O comportamento amoroso (embora possa não ter parecido assim na ocasião) é muitas vezes bastante engraçado. Quando olhamos de soslaio em face de alguma adversidade, muitas vezes o amor nos traz um sorriso sagaz. Nossa grande seriedade diante de mesquinharias, que tantas vezes interferem no amor, costuma se transformar numa profusão de risos quando por fim readquirimos o bom senso.

Se vamos amar, sem dúvida vamos encontrar muitos motivos para rir.

Percebo que o humor não é para todo mundo. É só para as pessoas que querem se divertir, desfrutar da vida e sentirem-se vivas.

ANNE WILSON SCHAEF

Cada dia oferece uma nova oportunidade para o amor

Aprendemos que não há nada de novo sob o sol. Descobri que isso é uma grande mentira. Na verdade, a cada dia tudo é novo no mundo! Todas as coisas estão no processo de crescer ou de morrer, mas nenhuma permanece a mesma. A cada manhã, quando acordamos, podemos ver o dia como uma maçante interrupção do sono. Mas também podemos vê-lo como uma nova oportunidade para fazermos circular algumas idéias renovadoras. Cada dia traz novidades por toda a parte, desde que despertemos para elas.

Temos oportunidade para criar o novo, ver de forma diversa, mudar um pouco em relação ao dia anterior. Se ao fim do dia não formos diferentes do que quando o começamos, convém ficar alerta. A mesmice gera o aborrecimento, e quando nos aborrecemos, nos tornamos chatos. Que desperdício nesse universo tão dinâmico!

O amor cresce quando o damos. E só o amor que damos é que preservamos. A única forma de reter o amor é dá-lo.

ELBERT HUBBARD

O delicado equilíbrio das emoções

Somos todos seres emocionais. Sentimos emoção mesmo perante as mais insignificantes experiências. Mas, mesmo quando não temos certeza do que sentimos, nossas emoções ainda têm o poder de ditar nossas atitudes. Agem como estímulo e guia para as reações. Até certo ponto, temos controle sobre o que sentimos — ou o expressamos ou o reprimimos. O modo como fazemos isso diz muito sobre nossa saúde mental.

Em geral, sobrevivemos às nossas emoções por mais que as expressemos, mas teremos de viver com as conseqüências. Podemos sair de uma situação deixando um reflexo de esplendor ou uma trilha de destruição. Podemos ser delicados, diplomáticos, e refrear as emoções, ou podemos manifestá-las de modo desenfreado, dentro da filosofia do anarquismo.

A inteligência e a sensibilidade continuam a ser nossos melhores guias. As emoções são essenciais à vida, e expressá-las apropriadamente é o que mantém a vida em equilíbrio.

A emoção ensinou a humanidade a raciocinar.

Marquês de Vauvenargues

A vida e o amor que criamos é a vida e o amor que vivemos.

Para amar, não precisamos concordar

Embora seja essencial a nosso bem-estar que agrademos aos outros, não deve ser esse nosso principal propósito. É impossível para alguém agradar a todos o tempo todo. Apesar disso, tentar fazê-lo pode se tornar uma obsessão em que começamos a medir nosso valor em termos de quantas pessoas nos aprovam.

É só quando temos respeito suficiente por nossa própria singularidade que nos afirmamos sem o medo da rejeição. Parte dessa singularidade é a nossa diversidade de opinião, nossa própria forma de olhar para o mundo. Se encontrarmos aqueles que não aceitam isso, nem tudo está perdido. É possível adultos maduros discordarem em tudo e ainda se amarem. De fato, não é necessário haver apenas concordâncias em uma relação amorosa. O desacordo, na verdade, pode fazer crescer um relacionamento. A longo prazo, quando assumimos quem somos, adquirimos respeito — dos outros e de nós mesmos.

Os pré-julgamentos tornam-se preconceitos só quando não são reversíveis ao ser expostos a novos conhecimentos.

GEORGE BANCROFT

O peso da culpa

Se você estiver carregando aos ombros uma excessiva carga de culpa, dou uma sugestão simples: escreva as palavras "eu me perdôo" num pedaço de papel. E fique repetindo essas palavras. Não pare até captar o espírito da coisa. Então jogue o pedaço de papel fora, queime-o, jogue-o na privada — dê um jeito de livrar-se dele.

Gastamos grande parte de tempo e energia nos remoendo com os erros passados. É de se admirar como é que alguns de nós ainda conseguem se mover com tal peso de culpa.

Chegou a hora de dizer "Basta!". Se é de perdão que precisamos, e não está à vista, então devemos pedir por ele, implorar à nossa própria ignorância se for preciso. Temos também o direito de pedir compreensão, porque somos simplesmente humanos, imperfeitos sob muitos aspectos. Precisamos aprender a não sermos controlados pela culpa, embora também aprendendo a perdoar os que lançam culpa sobre nós

Sem perdão a vida é governada por... um ciclo interminável de ressentimento e retaliação.

ROBERT ASSAGIOLI

O valor dos nossos sonhos

Apegue-se aos seus sonhos porque eles são, em certo sentido, a essência mais íntima da realidade. É através dos sonhos que mantemos a possibilidade de uma vida melhor, mais significativa. Mesmo quando a realidade nos impõe limites, nossos sonhos continuam a nos oferecer um amplo leque de oportunidades.

A vida tem uma forma de se tornar mundana, mesmo um fardo opressivo, se a ela sucumbirmos à medida que ela passa. Mas se continuarmos a alimentá-la com sonhos, eles nos manterão estimulados, cheios de esperança e com forças para lutar.

Já tive milhões de sonhos. Sonhei em tornar-me professor, o que, por certo, me exigiu anos e anos de estudo (e, no meu caso, de estudo pago). Éramos muito pobres e, embora nem minha mãe nem meu pai me desencorajassem, também não me deram falsas esperanças. Seus sonhos para mim eram mais realistas, embora estivesse determinado a seguir o meu.

Tive sonhos fantásticos com aventuras em terras exóticas, façanhas ousadas, escaladas em montanhas, desbravamento dos mares, aventuras com canoas em rios. Embora tivesse certeza de que uma vida desse tipo fosse só para alguns privilegiados, recusei-me a aceitá-la como impossível para mim. Tenho a felicidade de informar a todos os céticos que transformei todos os meus sonhos em realidade.

E crio novos sonhos todos os dias.

Está escrito que não somos maiores do que nossos sonhos.
Os sonhos são a referência de nosso caráter.

HENRY DAVID THOREAU

Um saudável amor de si mesmo

O que não temos, não podemos dar. Para amar outra pessoa, precisamos primeiro ter amor por nós mesmos. Apesar disso, persiste a idéia de que amar a si mesmo é uma noção egocêntrica, infantil e destrutiva. Adquiriu maior expressão nos psicodélicos anos sessenta, e desde então permaneceu suspeita como conceito sensato.

Mas a simples lógica nos diz que só podemos dar o que possuímos e que, quanto mais possuímos, tanto maior nossa capacidade de dar. Se amamos alguém de fato, conclui-se que lhe desejamos o que de melhor temos para dar, para o seu bem e o nosso. É através da compreensão e da aceitação de nós mesmos, de nossas necessidades e do que precisamos para a felicidade que podemos compreender e apreciar a necessidade dos outros. O amor adquiriu sua frágil reputação porque tem ficado, há muito tempo, na mão de amadores que nele não confiam e nem em si mesmos.

Todas as sabedorias e religiões antigas nos dizem a mesma coisa — não viva só para você, viva para as outras pessoas. Não se prenda ao interior do seu próprio eu, porque o eu pode se tornar uma prisão perpétua.

Barbara Ward

Lágrimas

Só os que passaram a vida totalmente preocupados consigo mesmos é que nunca choraram.

As lágrimas são uma forma de reflexão comiserada. Podem ser um sinal visível de que tiramos o foco de nós mesmos, por mais brevemente que seja, para nos emocionarmos com outra pessoa. Toda vez que choramos, saímos com os olhos mais serenos, com a visão mais clara. Tornamo-nos mais capazes de nos identificar com os outros e com a condição humana.

Só recentemente a cultura arrefeceu perante o tabu que proibia os homens de chorar. Tradicionalmente, esperava-se que eles tivessem rostos de granito perante o mundo. Fazia parte do que definiam como "homens de verdade", impassíveis, resolutos e emocionalmente frios. John Wayne e Gary Cooper, por exemplo, não tinham permissão para chorar na tela por motivo algum, e só o fizeram anos depois, quando a fraqueza e o sentimentalismo podiam ser explicados pela velhice.

O choro no momento oportuno pode ser um sinal de maturidade. Estamos errados se ainda entendermos que o choro é sinal de fraqueza. A verdadeira fraqueza está em não nos permitirmos o acesso às emoções expressas através das lágrimas.

A maior felicidade que você pode ter é saber que você não necessariamente precisa de felicidade.

WILLIAM SAROYAN

Um "sindicato" para os que amam

Enriquecemos o universo com algo bem mais valioso que dinheiro quando contribuímos com amor. Um gesto de carinho pode ter mais efeito, mais força, do que podemos imaginar; aqui, entrando num coração solitário, ali, encorajando e dando esperança a uma pessoa confusa. A história de amor universal é escrita, linha a linha, por gestos simples das pessoas amorosas que fazem o bem a alguém que passa por momentos difíceis.

Quando somos verdadeiramente amorosos, tornamo-nos parte de uma corrente: a dos que se amam e cuja força vem da delicadeza, e cujo exemplo está no tratamento altruísta dos outros. Quando participamos ativamente dessa união especial, verdadeiro sindicato, estamos crescendo eternamente. Jamais ficaremos sozinhos.

Um homem bom a mais na Terra vale bem mais do que um anjo a mais no céu.

PROVÉRBIO CHINÊS

O amor como a suprema possessão

Muitos estão convencidos de que as possessões farão grande diferença e que são medidas por quanto possuem. Despendemos muita energia para colecionar objetos até que não haja mais espaço em nossa casa para eles, nem na garagem, nem no escritório, para todas as lembranças de nossas experiências. Mas não leva muito tempo para percebermos que os problemas se acumulam na medida de nossas posses. Precisamos de advogados, de consultores financeiros, de contadores, para que nos ajudem a estruturar nossa vida. Precisamos de proteções mais eficazes para manter nós mesmos e o que possuímos em segurança. A paz de espírito é comprada com o uso de alarmes mais barulhentos, mais proteção policial e uma melhor política de seguros.

Sem dúvida, nossa sociedade reforça a idéia do ter mais para depois venerarmos o que temos. Somos induzidos a comprar cada vez mais. Então jogar tudo fora e comprar novos produtos, maiores e melhores. Parece que só lembramos do verdadeiro valor do amor ou da vida quando nos deparamos com a perda. Essa é uma lição tão antiga quanto a história da humanidade, e alguns de nós ainda levam a vida inteira para aprendê-la.

A felicidade é interior, não exterior; e por isso, não depende do que temos, mas do que somos.

Henry Van Dyke

Quando se trata de
doar amor, as
possibilidades são
limitadas, e todos nós
temos o dom de doar.

O papel do passado

Somos o produto de todas as experiências por que passamos, de todas as pessoas que encontramos, de todos os sonhos que concretizamos ou não. Precisamos ter sempre em mente, também, que as pessoas que amamos são o produto do passado. Trazem a nós seus medos, seus preconceitos, seus triunfos e suas alegrias, e tudo isso as faz ser o que são nessa altura da vida.

Não há como negar o passado, mas não devemos ser escravizados por ele. Cabe a nós fazermos o que nos agradar. Ele só tem poder sobre nós na medida em que nos confere alguma previsibilidade sobre o amanhã. Viver no passado é uma triste opção para viver no presente.

Todos os relacionamentos que estabelecemos têm o potencial de enriquecer nosso presente e também nosso futuro. Na união de dois ou mais mundos especiais, reunimos uma combinação de idéias, experiências e possibilidades que nunca existiram e que nunca existirão novamente. Essa representa uma das maiores alegrias do amor e um dos desafios mais sutis.

Temos controle ilimitado sobre o que poderá ser.

ANÔNIMO

Para criar nosso paraíso

O que, afinal, esperamos da vida e do amor? Poucos de nós descobrirão um novo continente, irão de foguete a Júpiter, mudarão a história ou se tornarão amantes legendários. Nossa vida e morte não serão de importância momentosa, exceto para nós mesmos e para os que amamos. Provavelmente, passaremos os dias comendo, dormindo, trabalhando, lavando roupas, cuidando dos jardins, criando filhos, adoecendo e ficando bons, fazendo novas amizades e dizendo adeus às antigas, vestindo-nos pela manhã e despindo-nos à noite, escovando os dentes e penteando o cabelo, poupando e gastando dinheiro, chorando, rindo, irritando-nos e frustrando-nos, encontrando momentos de felicidade e de beleza, crescendo, engordando, envelhecendo e morrendo.

Se há alguma poesia, algum romance ou significado, será porque nós mesmos os criamos. A vida e o amor que criamos é a vida e o amor que vivemos.

Há tempo para trabalhar. E há tempo para amar.
E não sobra mais tempo.

COCO CHANEL

Para que os outros o valorizem, valorize-se

A auto-estima, embora uma expressão por demais usada, é fundamental ao amor e ao bem-estar. A menos que nos sintamos dignos do amor, é bem pouco provável que o recebamos. Os juízos que fazemos de nós mesmos se refletem em todas as nossas decisões, em todos os nossos atos. Se pouco ligamos para nós mesmos, é provável que terminemos como capachos de outras pessoas.

O respeito a si mesmo é companheiro do amor-próprio. Podemos ver o mundo povoado de pessoas mais sábias, de melhor aparência, mais interessantes e desejáveis do que nós, ou podemos decidir que valemos tanto quanto elas, sendo apenas diferentes. Em vez de nos compararmos constantemente, podemos nos centrar em nossas forças singulares e usar nossa energia para descobrir habilidades adormecidas e novos talentos.

Convém desafiarmos a nós mesmos com os sonhos do que gostaríamos de ser, mas é mais aconselhável ficarmos dentro dos limites realistas do que somos. E que maravilhas fazemos ao nosso amor-próprio quando aceitamos quem somos e olhamos para nossas forças e não para nossas fraquezas. Quando nos aceitamos — ao nosso corpo, mente e espírito —, deixamos de nos diminuir e nos concentramos no desenvolvimento de nos tornarmos seres perfeitos (para nós mesmos). A essa altura, começamos a saber o que significa sermos dignos do amor.

O orgulho tem maior participação do que a bondade de espírito nas reclamações que fazemos aos que são culpados de falhas; nós os reprovamos não tanto com vistas a corrigi-los, mas no intuito de persuadi-los de que estamos isentos das mesmas falhas.

LA ROCHEFOUCAULD

Os limites imprecisos da intimidade

Todos precisamos de intimidade. Podemos amar muitas pessoas com intensidades diferentes e de inúmeras formas, mas sempre necessitaremos de um relacionamento especial. Precisamos de alguém com quem sintamos um vínculo singular, que nos dê um sentimento essencial de segurança e alento, e também um grau de privacidade e de afeição profunda que o separe dos outros. Em geral, há uma dimensão sexual que, por si mesma, cria a exclusividade. É um laço físico e emocional que nos dá força e nos cura de forma misteriosa.

Quando o amor se acompanha de intimidade profunda, alça-nos ao nível mais elevado da experiência humana. Nesse elevado espaço, entregamos nosso eu, nos tornamos vulneráveis e conhecemos níveis de alegria e de bem-estar únicos entre as experiências humanas. Atingimos um lampejo de êxtase que pode ser nosso. Os limites ficam imprecisos, não há limitações e nos regozijamos na união. Nos tornamos um e, ao mesmo tempo, dois.

Só há uma felicidade na vida: a de amar e ser amado.

GEORGE SAND

O valor de amar

São muitos os que não dão valor à vida e ao amor e que lamentam o fato de que têm tão pouco controle sobre ambos. Dificilmente desaceleramos o passo a ponto de refletirmos sobre o assombro de nossa existência e raramente apreciarmos seus muitos milagres. Jogamos fora o mundo como se fosse infinito, sem limites, e só de vez em quando consideramos nossa responsabilidade perante seu desenvolvimento.

Todavia, o mundo é um lugar generoso, que muito dá e pouco pede. Toda pessoa na terra é uma criação singular, e cabe a nós descobri-la e aproveitá-la. Estou convencido de que, quando morrermos, e todos morreremos, não seremos responsabilizados por nada, salvo pelo valor que demos à nossa existência.

A criação, seja vista ou não, deve estar, mesmo agora, ao nosso redor em todas as partes deste prosaico mundo do presente.

LOREN EISLEY

Escapando de nós mesmos

Alguns de nós acreditam que poderíamos nos livrar de todos os problemas se fosse possível mudar de residência, nos juntarmos a novas pessoas, mudar de emprego ou sair de férias. Esquecemos que, para onde quer que formos, levamos nós mesmos junto conosco. Não há como escapar do que somos. Se estivermos deprimidos em São Paulo, estaremos deprimidos em Nova York. Se nos sentimos solitários e alienados no Rio de Janeiro, também nos sentiremos alienados no Cairo, em Madri ou em Miami.

Quando mudamos o cenário, talvez, durante algum tempo, as coisas pareçam melhores. Por fim, entretanto, teremos diante de nós as mesmas opções de conduta, ou careceremos das mesmas atitudes, dos mesmos sentimentos. Isso também é verdadeiro quando saímos em busca de um novo amor. Decidimos que fizemos uma má escolha: vamos parar a música e trocar de parceiro. *Voilà!* E tornamos a ser felizes durante algum tempo. Mas trazemos a cada novo relacionamento nossos problemas, nossos medos, nossas limitações. Logo nos encontramos de volta onde começamos, ansiosos, infelizes, e querendo mais.

É tão fácil atualmente terminar um relacionamento que parece haver pouca motivação para sequer tentarmos fazer com que ele dê certo. Parece bem mais fácil sairmos mundo afora e tentarmos a sorte novamente. Se estamos de fato procurando pelo amor duradouro que sempre dizemos que estamos, com compromisso, com satisfação e com profunda alegria, só há uma forma de consegui-lo. As transformações terão de ser interiores e não exteriores. Não há outra forma.

Temos escolha, mas não sem alguma agonia.

JOSEPHINE HART

Um questionário sobre o amor

Fazer perguntas a si mesmo e respondê-las com sinceridade é o caminho certo para o autoconhecimento. De acordo com esse princípio, gostaria de propor as seguintes questões para cada um de nós...

- Alguém ficou um pouquinho mais feliz porque apareci hoje?
- Deixei qualquer evidência concreta da minha bondade, qualquer sinal de amor?
- Tentei pensar em alguém que conheço sob um enfoque mais positivo?
- Ajudei alguém a sentir um pouco mais de alegria, a rir ou, pelo menos, a sorrir?
- Tentei remover um pouco da ferrugem que está corroendo meus relacionamentos?
- Passei o dia sem reclamar pelo que não tenho e a comemorar as coisas que tenho?
- Perdoei outras pessoas por serem menos perfeitas?
- Perdoei a mim mesmo?
- Aprendi alguma coisa nova sobre a vida, sobre o que é viver ou sobre o amor?

Se você não estiver satisfeito com as respostas, crie coragem. Amanhã vai poder começar tudo outra vez! Se assim desejar, você nunca mais falhará nas respostas a esse questionário.

... Se mereço a minha felicidade, preciso não só conquistá-la por mim mesmo, mas partilhá-la com os outros.

RALPH BARTON PERRY

O amor envelhece?

Sempre que tenho o privilégio de falar a um grupo de pessoas de idade, tenho um desejo insaciável de que partilhem comigo suas lembranças, suas filosofias. É triste que as experiências e os pensamentos dos idosos em nossa sociedade muitas vezes sejam relegados às reminiscências dos bons e velhos tempos. Perde-se muita sabedoria de tantos anos de valiosas experiências de vida por causa da atitude impensada e insensível de que o valor humano diminui à medida que envelhecemos.

Não me surpreende que o tópico do amor seja um assunto preponderante entre as pessoas de mais idade. É um tema que sempre traz à lembrança experiências vividas e comuns. E assim deveria ser, pois o amor é a peça principal e o fio comum que percorre nossa vida do berço ao túmulo.

Guardei, ao longo dos anos, uma coisa que uma sábia e adorável senhora de 81 anos partilhou comigo num seminário. Quando lhe perguntei quais eram as suas necessidades nessa fase adiantada da vida, ela me respondeu, de maneira bastante simples: "Tudo de que preciso e de que sempre precisei foi de alguém para amar e de alguém que me amasse. Nada mudou."

Deus deve ter percebido que os seres humanos precisam estar vinculados ao passado, e por isso nos deu a memória.

MIKE RUHLAND

Toda a ação que inibe não é amor. O amor só é amor quando liberta.

O milagre do amor

Às vezes é difícil lembrar, mas não deixa de ser verdade, que, não faz muito tempo, éramos todos crianças. Para a maioria das crianças, a fé é inabalável. A alegria é um estado natural. Raramente se preocupam. Riem e brincam muito. Vivem num mundo de antecipação maravilhosa onde os milagres são lugares-comuns.

Na verdade, nada realmente mudou agora que nos tornamos adultos, exceto nossas atitudes e o modo que escolhemos para ver o mundo. As surpresas, o mistério, a magia, as fontes de admiração ainda estão todas lá se olharmos com atenção.

Milagres podem ocorrer em todos os lugares. Quando alguém demonstra preocupação, quando anos de animosidade e de ressentimento desaparecem após um único ato de compaixão, quando a indiferença é varrida pela mão estendida que oferece ajuda, quando uma vida humana é transformada por um simples gesto de amor — estes são, de fato, milagres.

Num mundo em que se valoriza o pessimismo e o cinismo, "tudo é possível" é uma expressão que tem toda uma conotação de esperança e de renovação a ela vinculada.

Da próxima vez que você precisar de um milagre, não fique esperando que ele aconteça. Você tem o poder de fazê-lo acontecer.

É o destino do homem ponderar sobre o enigma da existência, e como subproduto de seu espanto, criar uma nova vida nesta terra.

CHARLES F. KETTERING

No amor não há "para sempre"

Qualquer pessoa que tenha lido as coisas que escrevi durante os anos vai reconhecer no título acima um tema familiar. É um assunto que até já ridicularizei, mas com razão. Acho que a maioria de nós se vê tão emaranhada nas trivialidades do viver que se esquece de viver. Hoje é o dia para agirmos, para irmos a outros lugares, para darmos felicidade, para conquistarmos as coisas que relegamos à terra do "algum dia, quando chegar a hora certa".

Não precisamos pensar como se cada dia fosse o nosso último dia. Isso seria bastante improdutivo porque estaríamos, no mínimo, adiando tudo, mas em prova do que digo, precisamos resistir com determinação àquela complacência apática que nos embala na convicção de que sempre teremos amanhã.

O hoje bem-vivido faz de todo o ontem um sonho de felicidade,
e de todo o amanhã uma visão de esperança.

SAUDAÇÃO DA ALVORADA

Um posfácio...

Que tal?

Certa vez estava em Denver quando me vi desesperado à procura de um correio. O trajeto que me indicaram levava a qualquer lugar menos ao correio. Depois de perambular por metade da cidade, por fim perguntei a um porteiro de hotel. Ele me reconheceu:

— O que você está fazendo em Denver? — perguntou-me.

— Estou dando uma palestra aqui — foi minha resposta.

— É mesmo?! — exclamou com entusiasmo. — Vai falar sobre o quê?

— "Encontre o caminho para o Amor" — respondi-lhe.

— Isso é brincadeira! — riu. — Você vai dizer para todas aquelas pessoas como encontrar o caminho para o amor e não consegue nem achar o caminho para o correio!

Conforme mencionei no prefácio deste livro, não sou especialista em coisa alguma, nem no amor e menos ainda em como achar o caminho para o correio numa cidade desconhecida. Mas a intenção deste livro não é ensinar certos procedimentos. O que procurei fazer foi centrar nosso pensamento no amor e criar um espaço onde pudéssemos estudá-lo mais à vontade; o modelo, os processos e as transformações essenciais para sua concretização e seu crescimento.

O amor é excelente tema para um estudo agradável, pois só no ato de amar é que desviamos o suficiente a atenção de nós mesmos para termos, ao menos momentaneamente, uma vaga noção de nós mesmos. Não precisamos temer esse fato.

Só vamos lucrar com o desvendamento se não nos tornarmos presas da tentação tão humana de retomar atitudes, hábitos e convicções obsoletos, inúteis e destrutivos.

O amor nos propicia a mais indômita e fantástica das experiências de que somos humanamente capazes. Só aguarda uma decisão de nossa parte para agir. Proceda assim e o mundo do amor será seu!

Nascemos, de fato, para amar. Celebre a vida!

Índice de Citações

CONHEÇA OUTRAS OBRAS DE LEO BUSCAGLIA:

Vivendo, amando e aprendendo

Uma coletânea de textos de palestras, artigos de jornais e revistas sobre o desafio da vida, sobre amar, conviver e ser feliz.

Assumindo a sua personalidade

Dr. Buscaglia ensina a utilizar o otimismo como ferramenta de superação dos problemas cotidianos. Um livro extremamente proveitoso que nos habilita a dominar a arte de usufruir uma vida plena.

Amor

Numa verdadeira aula de amor, o autor discute os obstáculos e as responsabilidades envolvidos na relação amorosa, ressaltando a necessidade e o prazer insubstituível de amar e sentir-se amado.

O paraíso fica perto

Cada um de nós sonha com visões do seu paraíso pessoal. Um lugar que proporcione paz, alegria e prazer. Leo Buscaglia afirma que é possível construir aqui o paraíso, com vontade de viver e paixão pelo que nos cerca.

Amando uns aos outros

Num dos seus mais instigantes livros, o autor volta-se para as complexidades dos relacionamentos em geral e discute qualidades como perdão, ternura, comunicação, honestidade e ciúme entre casais e, mais amplamente, nos universos da família, amigos e conhecidos.

Papai, meu amigo

A história do pai de Leo Buscaglia, um imigrante italiano cuja honestidade e firmeza de caráter exerceram uma influência decisiva em sua vida. Por meio de recordações da infância, ele exalta a importância da família e dos valores morais.

O caminho do touro

Seguindo a tradição zen-budista, em que o touro representa a energia, a verdade e a ação, Buscaglia relata a procura pela realização pessoal durante uma inesquecível e gratificante viagem pelo Oriente.

Este livro foi composto na tipologia Agaramond
em corpo 11/16, e impresso em papel off-set
90g/m², no Sistema Cameron da Divisão Gráfica
da Distribuidora Record.